Un cœur qui écoute

Du même auteur

Coédition Les Belles Lettres-Desclée de Brouwer :

Évangile selon Matthieu
Évangile selon Marc
Évangile selon Luc
Évangile selon Jean
(Texte grec et traduction française)

Chez Desclée de Brouwer :

Matthieu
Marc
Luc
Jean
(Traduction française seulement)

Petite initiation au grec des Évangiles
Les Évangiles, les quatre, en un volume
Le livre des louanges
Mort, immortalité, résurrection

Chez d'autres éditeurs :

Les pèlerins d'Emmaüs

Sœur Jeanne d'Arc, op

Un cœur qui écoute

DESCLÉE DE BROUWER

76 bis, rue des Saints-Pères, 75007 Paris
ISBN 2-220-03364-3

Liminaire

Les manières de prier sont diverses chez les chrétiens.

Il y a d'abord la grande prière liturgique, organisée, codifiée, rôdée par des siècles de pratique, et les célébrations des sacrements.

Il y a aussi les récitations, les précieuses prières répétitives tels le rosaire et le chapelet.

Il y a, de nos jours, la prière dite « charismatique ». Elle s'inscrit dans la tradition rapportée par les Actes des apôtres : la grande Pentecôte qui suit la résurrection est continuée par de petites pentecôtes ; l'Esprit Saint remplit les cœurs, la joie déferle, la louange éclate, les merveilles de Dieu sont annoncées avec puissance.

Il y a aussi toutes les formes de « groupes d'Évangile », de lecture partagée et de méditation.

Il y a enfin l'oraison personnelle, le seul à seul avec Dieu dans le secret du cœur.

Le respect de cette diversité s'impose : en matière de prière, l'essentiel est la liberté. Sachons selon les temps et les circonstances couler notre prière dans la forme la plus adaptée pour répondre à toutes les invitations de l'Esprit.

La prière authentique est au-delà de notre logique, la vie de foi est une réalité mystérieuse. Mais quelques constantes peuvent être repérées, quelques dispositions intérieures ou extérieures peuvent être dégagées, quelques modèles peuvent être regardés. Ce petit livre n'a d'autre but que d'offrir une aide amicale à tous : pour apprendre à prier, prier de mieux en mieux, pour devenir « un cœur qui écoute ».

1. « Donne-moi, Seigneur un cœur qui écoute » (1 Rois 3, 9)

Le songe de Salomon

Salomon vient de succéder à son père David. Il est tout jeune. Rien n'existe encore de ce qui fera sa renommée et sa gloire. Le Temple n'est pas encore bâti. Sur le haut lieu de Gabaôn le roi offre à Yahvé un immense sacrifice de mille bœufs. Et le Seigneur lui parle en songe :

> Demande ce que tu veux que je te donne.

Avant de répondre à une offre pareille, il vaut la peine d'y regarder à deux fois. Sainte Thérèse écrit à ses filles qu'en face de la générosité infinie de Dieu, nous ne demandons jamais assez : « Ce serait faire insulte à un roi que de ne lui demander que quelques maravédis. » Et le Père Lamy, quand la Sainte Vierge lui a fait à peu près la même proposition, disait : « Cela demande réflexion. »

Or Salomon, quand le Dieu que les cieux des cieux ne peuvent contenir lui ouvre toutes ses largesses, répond d'une façon qui nous surprend d'abord : en présence de cette offre magnifique et inconditionnée, il demande simplement *lébh shoméa'*.

Cœur écoutant

Expression difficile à rendre, les hésitations et les divergences multiples des traducteurs le prouvent bien.

Lébh, cœur, a une extension plus grande que dans nos langues ; en français nous disons « le cœur » pour parler de l'amour, de l'amitié (je vous aime de tout mon cœur), ou bien du courage, de la vaillance (il a du cœur) : exclusivement du domaine affectif, par opposition à l'ordre rationnel ou intellectuel. En hébreu, au contraire, *lébh* inclut les deux à la fois ; il est le siège de la sagesse, du discernement, aussi bien que de la force et de la tendresse.

Et *shoméa'*, c'est le participe passé de *shama'*, écouter. En demandant *lébh shoméa'*, Salomon a demandé simplement *un cœur qui écoute*.

Les traducteurs — pourquoi ? — n'ont pas cru devoir garder la littéralité de l'expression. L'un dit cœur *attentif*, d'autres l'interprètent soit dans le sens de la Vulgate, qui traduit *cor docile* : un cœur *docile*, soit dans un sens intellectuel[1] : un cœur *intelligent*, un cœur *plein de jugement*[2] ; on trouve aussi un cœur *sage, obéissant*, un cœur *qui comprenne*.

La diversité même des traductions nous prouve que l'expression les déborde toutes. Essayons donc de prendre conscience de son amplitude et de sa profondeur. C'est d'autant plus important que nous saurons par là quelle sorte de requête peut être agréable au Seigneur :

> Il plut aux yeux de Yahvé que Salomon ait fait cette demande (1 R 3, 10).

Ce sera d'abord pour nous un moyen de recevoir davantage, en demandant les choses que notre Dieu est le plus désireux de nous donner. Et, du même coup, cela nous aidera à pénétrer mieux ses goûts et ses préférences, et donc à le connaître mieux lui-même. Ces mots si pleins du texte sacré sont riches de valeurs de vie inépuisables.

1. En s'appuyant peut-être sur le doublet des Chroniques : *Donne-moi... sagesse et savoir* (2 Ch 1, 10). Mais ces harmonisations de textes parallèles risquent de les unifier sur la lecture la plus banale et de perdre ainsi les richesses de celle qui est difficile ou inhabituelle.

2. Dans toute la Bible hébraïque, aucun autre emploi du même participe ne peut être avancé pour appuyer ces traductions. Le mot signifie toujours « écoutant » — donc parfois, employé avec *'ozén*, « oreille attentive ». Mais aucune piste ne s'ouvre dans le sens de jugement, sagesse ou intelligence. Il n'y a donc pas là une expression courante en hébreu, elle est aussi insolite qu'en français, et Salomon a voulu effectivement demander « un cœur écoutant ».

Sagesse et intelligence

La première explication de ce mot mystérieux, nous la trouvons dans la réponse même de Dieu. Au lieu de reprendre matériellement la phrase de Salomon, il précise le contenu positif de la requête :

> Parce que tu as demandé cela,... voici que je fais ce que tu as dit : je te donne un cœur *sage et intelligent*... (1 R 3, 11-12).

Nous tenons ici l'équivalence : pour Dieu, savoir écouter, c'est donc toute la sagesse et l'intelligence.

Voyez comme il multiplie ses appels à écouter, que la Loi et les prophètes répercutent sans se lasser. « Voici seulement la prescription que je leur ai faite : Écoutez ma voix » (Jr 7, 23). Et la grande prière du peuple de Dieu sera le *Shema' Israël*, Écoute, Israël (*Shema'*, où l'on peut reconnaître notre *Shoméa'*), la solennelle invitation à écouter la proclamation de la foi au Dieu unique (Dt 6, 4 ss).

Mais le jeune roi n'a pas demandé directement la sagesse, qui constitue évidemment un enrichissement, un gain. Il a humblement demandé cette ouverture de cœur qui prépare à la recevoir. « J'ignorais qu'elle en était la mère, mais c'est par elle que me sont venus tous les biens » (Sg 7, 12-11)... Tous les biens viennent par elle précisément parce qu'elle-même exige cette ouverture du cœur large comme les grèves de la mer océane (1 R 5, 9).

Un cœur qui écoute, qu'est-ce donc que cela signifie, qu'est-ce que cette attitude a de si essentiel, de si irremplaçable, pour que Dieu même en fasse l'équivalent de sagesse et d'intelligence et que cela puisse constituer l'unique demande en quoi se résument tous les biens désirables ?

En face de Dieu

En face de Dieu, dans nos rapports les plus intimes avec lui, est-ce qu'un cœur qui écoute n'est pas cette meilleure part dont le Seigneur a dit qu'elle ne nous serait point ôtée (Lc 10, 42) ? « Marie, assise aux pieds du Seigneur, écoutait sa parole » (Lc 10, 39). Le mot que le vieil Élie enseigne au petit Samuel : « Parle, Seigneur, ton serviteur écoute » (1 S 3, 9), exprime une attitude fondamentale de l'âme qui sait dans la foi que son Dieu veut entrer en communication directe avec elle. Elle reste ainsi à l'écoute de tous les appels de Dieu, de tous les souffles de l'Esprit. « Heureux qui écoute la Parole et qui la garde » (Lc 11, 28). Mais c'est seulement lorsqu'un profond silence enveloppe toutes choses que la Parole en nous se déclare. Donne-moi, Seigneur, un cœur qui écoute — car la Parole unique ne multiplie pas les paroles (Mt 6, 7). Lorsque le Seigneur, Sagesse incréée, prend possession d'une âme, il ne crie pas, il n'élève pas la voix (Is 42, 2), mais il se tait dans son amour (So 3, 17). Qui l'écoute demeure en paix (Pr 1, 33). Il suffit d'écouter dans son cœur le silence de Dieu jusqu'à ce que notre cœur s'affine dans ce silence et que le Seigneur lui donne la sagesse (Pr 2, 6), — la Sagesse, don qui transforme le silence en saveur et nous fait goûter la saveur incréée, l'Esprit.

A l'égard de nos frères

Un cœur qui écoute, cela ne vaut pas seulement dans ce domaine de notre vie profonde avec Dieu, mais aussi sur d'autres terrains, et d'abord dans nos rapports humains. C'est d'ailleurs à ce niveau que se situe historiquement la demande de Salomon. Un cœur qui écoute, n'est-ce pas ce qu'attendent obscurément de nous tous nos frères ?

Les malades, les pauvres ont souvent plus besoin de cela que de remèdes ou de pain. Mais même simplement parmi ceux qui nous entourent de plus près, n'entendons-nous pas secrètement cet appel ? Chacun a sa tâche à porter et son fardeau personnel. Parfois son fardeau le plus lourd n'est-il pas cette étiquette, cette façade, ce moi social qui est souvent si différent de son moi réel et dont il ne peut s'évader ? Alors que « l'homme intérieur se transforme de jour en jour sous l'action de l'Esprit » (2 Co 4, 16 ; Ep 3, 16), toute l'écorce de l'homme charnel reste autour de lui comme une gangue et une prison. Et il crie sans pouvoir se faire entendre, et il a tant besoin près de lui d'un cœur qui écoute — et cela lui suffira peut-être pour se révéler. En déliant son moi le plus vrai, on peut le réaliser et l'amener totalement à être...

Portez les fardeaux

Chacun de nos frères cherche un cœur qui soit prêt à l'écouter de telle sorte qu'il ne soit plus *autre*. — Essayons de lui offrir un tel accueil, une telle profondeur d'attention qui vient du fond du cœur, qu'il soit lui-même en nous à l'aise comme chez lui : au lieu de ces miroirs déformants que sont généralement les yeux qui le regardent, et souvent les yeux des plus proches, qu'il puisse trouver un cœur assez transparent, assez limpide pour que l'indice de réfraction soit nul. « Portez les fardeaux les uns des autres » (Ga 6, 2). Nous sommes si faibles, souvent nous ne pouvons pas porter le fardeau de l'autre. Mais nous pouvons toujours le décharger, le laisser se décharger en nous : il n'y a qu'à l'écouter avec notre cœur. Il ne s'agit pas seulement des récits, des confidences — bien que cela ne soit pas exclu. Il s'agit profondément d'un accueil intérieur, d'un cœur assez fraternel pour être aux écoutes de ce qu'il y a de meilleur, et souvent de plus caché, de plus inexprimé, dans tous ceux qui l'approchent.

Un silence plein d'amour, qui entend avec charité la plainte de celui qui souffre, est souvent bien plus efficace que des paroles de consolation. Si les amis de Job en étaient restés là, comme ils seraient plus sympathiques... « S'asseyant à terre près de lui, ils restèrent ainsi sept jours et sept nuits. Aucun ne lui adressa la parole, au spectacle d'une si grande douleur » (Jb 2, 13). Ensuite, hélas ! ils vont, sans essayer de comprendre, sans vouloir rien écouter, déverser les flots de leur science et les trésors de leur expérience... Et nous avons envie de leur crier comme Job : « Quels pénibles consolateurs vous faites ! Qui donc vous apprendra le silence ! » (Jb 16, 2 ; 13, 5).

Dans l'apostolat

Et dans l'apostolat, combien nuit un certain désir de projeter la vérité, la lumière ! C'est si souvent soi qu'on projette, sa vérité, sa lumière, son acquis... le beau cadeau, et quel encombrement ! Que voulez-vous que l'autre en fasse ? Il a ses problèmes à lui, ses questions à lui, ses expériences qui ne sont point les nôtres, il n'a que faire de tout ce dont nous le chargeons ainsi. Une réponse ne vaut qu'en face d'une question — et encore, seulement quand la question est mûre, et si l'autre est prêt à entendre ce que nous voulons lui dire. Il faut aborder le prochain dans un respect, dans un agenouillement, avec cette écoute du cœur que seul donne l'amour. C'est seulement à travers ce silence et cette transparence qu'il pourra trouver la lumière. En l'accueillant assez profondément, nous saurons dans notre réponse lui offrir juste la vérité qu'il peut assimiler.

Rien n'est plus riche d'enseignement à ce sujet que ce mot du Christ : « J'ai encore beaucoup de choses à vous dire, mais vous ne pouvez les porter à présent » (Jn 16, 12). C'est tout à fait la fin. Il va quitter définitivement les siens. Lui, le Verbe de Dieu, qui est venu porter le feu, et qui ne désire que le répandre davantage (cf. Lc 12, 49), il voit que les apôtres, en dépit de tout l'amour et de tout le soin qu'il a mis à les former, ne sont pas prêts à recevoir. Il n'insiste pas. Il remet le tout au Saint-Esprit. Quelle leçon pour nos impatiences, pour cette projection de nous-mêmes que nous émettons sans cesse sur autrui, au lieu de rester à l'écoute, dans un accueil et une ouverture constante !

Pour les responsables

Il est bien remarquable que Salomon ait demandé à Dieu

> un cœur qui écoute *pour gouverner*[3] ton peuple.

C'est donc une qualité majeure des chefs, des parents, des supérieurs, des pasteurs, d'avoir un cœur qui écoute ; c'est ce qui leur permet de recevoir leurs sujets, leurs enfants, leurs ouailles, tou-

3. *Ladhîn* — ce mot a le double sens de « juger » et « gouverner ». Les deux notions sont d'ailleurs généralement liées en hébreu : cf., bien que la racine soit différente, les « Juges », qui sont en réalité des chefs du peuple.

jours avec cet accueil total, de les entendre jusqu'au bout, et avec tout leur cœur.

D'abord parce qu'ils peuvent avoir à juger, à prendre une décision : c'est la fonction propre du supérieur. Et le roi Salomon a bien dit : « Un cœur qui écoute... pour juger » ; or, ce qui importe ici, ce n'est pas tant l'aspect juridique et universel — une Justice qui tient une balance et se bande les yeux. Si le rôle du chef requiert une telle attention, une telle écoute du cœur, c'est qu'il lui faut trouver la solution concrète, celle qui convient exactement à chaque cas, pour décider en tenant compte de tout ce qu'il aura entendu, selon la prudence et la sagesse.

Et l'histoire célèbre du « jugement de Salomon » qui, dans le texte actuel, suit immédiatement cette scène, nous montre bien comment le juge idéal sent assez la situation pour inventer le test qui révélera aussitôt la vraie mère.

Un accueil intégral

Si le conseiller doit avoir un cœur qui écoute, ce n'est pas seulement parce qu'il doit s'éclairer, décider en toute connaissance de cause.

La fonction de l'accueil est beaucoup plus importante : c'est l'attitude qui va permettre au supérieur, au guide spirituel, d'aider véritablement en profondeur celui qui vient chercher près de lui un appui ou un secours.

Si le conseiller n'a pas un cœur écoutant, il va, dès qu'il aura compris sommairement de quoi il s'agit, s'empresser de fournir ce qu'on lui demande, déverser des consolations et des conseils, proposer des solutions toutes faites, sortir des trésors de son expérience mille cas semblables et toutes les circonstances où il a connu des résultats efficaces...

Et le pauvre diable en face de lui repartira les bras chargés de tout ce qu'on lui a prodigué... Il sera écrasé de richesses hétéroclites et inassimilables, de solutions, de décisions et de résolutions qui ne sont pas exactement à la mesure de son besoin, puisque tout cela lui vient d'autrui. Ou bien il quittera l'entretien affectivement comblé, rasséréné, rassuré — mais un peu comme une chambre à air fissurée qu'il faudrait regonfler sans cesse... Il serait plus utile de lui apprendre à colmater lui-même ses failles.

Donne-moi, Seigneur, un cœur qui écoute.

Si celui qui doit lui porter secours avait mieux médité la prière de Salomon, il aurait su qu'une longue attention, qu'un accueil intégral, une écoute constante auraient aidé plus efficacement que tous ses discours...

C'est la seule attitude qui permette à la personne de se pacifier, de voir clair elle-même dans sa propre situation, d'élucider ses difficultés et d'apercevoir le sens dans lequel la bonne solution doit se trouver : la bonne (même si le conseiller en avait une théoriquement meilleure) parce que celle-ci surgira de son propre fond et donc sera pleinement adaptée à ses problèmes et mesurée à ses possibilités...

Ne pas se lasser d'écouter, accueillir avec tout son cœur et toute son attention, c'est vraiment la première qualité du supérieur qui désire faire croître et animer tous ceux dont il a la charge : il lui faut, comme disait Salomon,

un cœur qui écoute *pour gouverner*.

La réceptivité

D'une façon beaucoup plus générale, cette attitude d'écoute, d'accueil, de réceptivité est, déjà au plan purement métaphysique, la première condition du progrès : si riches que nous soyons de puissance, de science ou de vertu, nous nous trouvons toujours dans cette indigence inéluctable de la créature, indigence qui tient à sa nature même : en elle l'être est reçu ; tout ce qu'elle a d'être lui est donné et reste marqué de cette précarité originelle. « Qu'as-tu que tu ne l'aies reçu ? » (1 Co 4, 7.) Tout progrès est un mieux-être, un plus-être, et à ce titre nous vient radicalement par mode de don, quels que soient les efforts que nous devions faire pour y tendre. Recevoir est pour nous plus essentiel qu'acquérir ; c'est pourquoi la réceptivité est à la base de tout achèvement réel.

La docilité

Et dans le domaine intellectuel, c'est la première condition de progrès et de sécurité. Nous ne pouvons pas grand-chose pour accroître l'acuité de notre intelligence, sa puissance de pénétration. Mais il dépend de nous de la garder ouverte, écoutante : c'est par là qu'elle peut s'enrichir et s'approfondir toujours, éviter l'erreur, en gardant le contact avec l'être — et avec les êtres vivants qui nous entourent.

La docilité est exactement cette vertu de l'intelligence qui reçoit l'enseignement avec le *cor docile* par lequel la Vulgate a rendu notre texte. Mais si on doit la docilité à celui qui nous enseigne, on doit la réceptivité à tous ceux qui nous apportent quelque chose : conseil, lumière, témoignage, avis, suggestions... Se fermer ou se bloquer, ce serait du même coup refuser la sagesse et l'intelligence : Dieu lui-même, dans notre texte, a voulu établir l'équivalence[4].

Ce qui ne signifie pas qu'il faille être perméable à tout vent de doctrine, comme l'« homme-éponge » dont parle Valéry dans un dialogue célèbre. C'est le cœur qui écoute, donc, — avec la richesse de sens qu'inclut l'image du cœur dans la Bible —, la faculté de discernement, qui doit opérer le tri et porter un jugement. Mais le tri ne sera judicieux et le jugement valable que s'il a été

4. « Voici que je fais ce que tu as dit : je te donne un cœur sage et intelligent » (1 R 3, 12).

précédé d'une assimilation personnelle, profonde et sympathique, de l'apport extérieur.

L'humilité

Et au plan moral, dans l'acquisition des vertus en particulier, c'est une attitude primordiale : si nous savons écouter loyalement, de tout notre cœur, chaque fois qu'on nous signale quelque mal, quelque défaut, ou quelque travers en nous, nous nous ouvrons à une amélioration possible. La prise de conscience du défaut est la condition pour désirer la vertu et chercher à l'acquérir. L'humilité se décèle à ce cœur attentif et reconnaissant avec lequel sont acceptés les avertissements, les critiques et les reproches.

Mais il n'y a pas que cet aspect négatif, qui regarde la rectification du mal. Il y a aussi l'aspect positif, qui se retrouve en tous domaines. En effet, un cœur qui écoute, ne serait-ce pas le critère valable de l'humilité, l'attitude fondamentale en quoi elle se résume ? Tous les autres signes qu'on en peut proposer sont ambivalents : paroles, manières d'être, comportement peuvent relever du milieu, du tempérament, de l'éducation, plus que d'une vertu réelle. Le signe le plus authentique de l'humilité semble bien être dans la réceptivité : celui qui reçoit, qui écoute, se met devant l'autre dans une attitude inférieure et reconnaît sa pauvreté dans l'acte même qui l'enrichit.

Qu'as-tu que tu ne l'aies reçu ?

La connaissance du manque est un appel à la plénitude. Si c'est vrai déjà au plan naturel, au plan moral ou intellectuel, combien plus encore au plan surnaturel, où tout est don gratuit, tout est reçu : nous recevons la Parole, nous recevons la Grâce, nous recevons l'Esprit dont le nom même est Don. Toutes les choses les meilleures, nous ne pouvons pas les acquérir, fût-ce avec de l'or massif (Jb 28, 15), nous ne pouvons que les demander, les désirer et les attendre. Et le Père veut nous les donner. Il désire beaucoup plus nous combler que nous ne désirons nous enrichir. S'il nous dit avec tant d'insistance de les demander[5], c'est que la prière persévérante nous met dans cet état de réceptivité qui est la condition même de tous ses dons. S'il nous rappelle souvent ce lien entre notre prière et ses largesses[6], c'est que la prière crée en nous l'aptitude à les accueillir.

Il est écrit qu'il « résiste aux orgueilleux et donne sa grâce aux humbles[7] » : l'humilité seule creuse en nous ce vide, cet appel qui permet de recevoir. « Ouvre large ta bouche et je l'emplirai » (Ps 81, 11). C'est l'abîme qui appelle l'abîme (Ps 42, 8) et tous les dons de Dieu viennent combler ce cœur toujours à l'écoute. « Prenez garde

5. Mt 7, 7 ; Lc 11, 9 ; Jn 16, 24.
6. Mt 21, 22 ; Mc 11, 24 ; Jn 14, 13-14 ; Jc 4, 2 *c* ; 1 Jn 3, 22.
7. Pr 3, 34 ; Jc 4, 6 ; 1 P 5,5.

à la manière dont vous écoutez » (Lc 8,18)[8]. Parce que Salomon a demandé cette grâce d'un cœur qui écoute, il a reçu la Sagesse, et tout le reste lui a été donné par surcroît.

Ainsi, en méditant sur ce mot du texte sacré, nous pénétrons peu à peu dans sa profondeur. Et nous comprenons mieux la prière de Salomon. En face d'une offre aussi inouïe de la part du Seigneur, le roi a dû peser ses mots. Tout bien considéré, il a demandé *lébh shoméa'*.

Quand donc on traduit : *plein de jugement*, cela exprime une conséquence, une déduction ; cela ne dit pas assez l'attitude foncière d'accueil qui, semble-t-il, se trouve dans l'hébreu *écoutant*. « *Docile* » de la Vulgate, suivie par plusieurs traductions, ne convient pas exactement : plus proche à première vue de l'hébreu, la docilité n'est pas une qualité de chef, « docile pour gouverner » est impossible. « *Attentif* », peut-être un peu plat, paraît plus proche du sens original. Mais pourquoi ne pas garder simplement *un cœur qui écoute* ? C'est aussi bon en français qu'en hébreu, et plus riche de sens, et plus près du texte, que toutes les interprétations.

8. Ce texte important précise la parabole de la lampe et il est éclairé par elle : la vérité se révèle aux âmes dans la mesure où elles sont disposées à la recevoir.

Une formule de prière

Et si l'auteur sacré nous a bien transmis *lébh shoméa'*, et non pas l'un quelconque des mots dont il disposait pour dire « sage, intelligent, plein de jugement », c'est en méditant sur *lébh shoméa'* que nous saurons ce que le Seigneur aime qu'on lui demande — un « moyen court » pour obtenir la sagesse et, par elle, tous les biens...

Ainsi, puisque nous savons qu'il est agréable au Seigneur, ce mot de Salomon peut nous monter aux lèvres :

> « Donne-moi Seigneur, un cœur qui écoute. »

C'est une demande excellente, que nous allions entendre un sermon, faire oraison, visiter un malade, ou simplement chaque fois que nous avons à entrer en contact avec notre prochain. Et, quand nous sommes seuls, cette demande peut devenir notre prière habituelle pour obtenir de rester attentifs au fond du cœur, sans cesse écoutant, en face du Seigneur.

2. La prière et le temps

« J'ai tellement de travail ! Tout mon temps est pris, mes vingt-quatre heures sont pleines.

« Et d'ailleurs pourquoi voulez-vous que je consacre tant de temps à la prière ? Si la fin de la prière est d'être uni à Dieu, je vous assure que je le suis beaucoup plus en diluant la prière tout au long de mes journées, dans mes allées et venues.

« Dès que je me mets à vouloir prier, à l'église ou dans ma chambre, je suis immédiatement rempli de distractions. Tandis qu'au contraire, dans le courant de mon travail, la pensée de Dieu m'aide et me soutient. »

Pas le temps de prier ?

Supposez que le Bon Dieu donne un petit coup de pouce aux mécanismes célestes et nous accorde des journées de vingt-cinq heures pour nous donner le temps de le prier ; auriez-vous alors chaque jour une heure à lui consacrer ?

Je vous vois hésiter. Loyalement vous hochez la tête : non, la surcharge des occupations absorberait aussitôt cette heure de surcroît...

Et si le coup de pouce était en sens inverse, réduisant la journée à vingt-trois heures, ne pensez-vous pas qu'on s'arrangerait bien pour vivre quand même ?

Nos occupations suivent la loi d'expansion des gaz, qui remplissent immédiatement tout l'espace qu'on leur offre. Elles déborderaient sur tout le temps supplémentaire qui pourrait nous être octroyé, comme elles débordent déjà peut-être sur ce jour supplémentaire, ce septième jour vacant qui nous est donné afin de le consacrer au loisir pour Dieu, selon la grande leçon de la première page de la Genèse : toute la création est ordonnée à ce repos éternel, toute l'activité des semaines de travail est pour le jour chômé où nous sommes libres de notre temps pour prier, pour communier au mystère de Dieu, pour nous apprivoiser au Paradis.

Si nous attendons d'avoir le temps de prier, nous ne l'aurons jamais. Il faut le prendre ! — un peu comme si nous attendions pour faire l'aumône d'avoir du superflu, de l'argent absolument vacant et disponible seulement pour cela...

Trouver du temps

Pour trouver le temps de prier, de lire la Parole de Dieu, il faut sans doute éviter les temps perdus, limiter ses diverses occupations ; c'est indispensable. Il y a un art d'organiser son horaire, chacun selon ses possibilités diverses :

Les oisifs sont les plus mal partagés : ils n'ont jamais de temps.

Les personnes qui ont la semaine de quarante heures sont les plus favorisées : il leur reste seize heures chaque jour et deux jours par semaine.

Pour d'autres dont l'horaire n'est pas délimité et qui fournissent beaucoup plus de temps de travail, le problème peut être difficile : les mères de famille surchargées, un étudiant qui doit livrer une thèse dans un temps donné, un médecin au moment d'une épidémie…

Il est évident qu'il y a des périodes très lourdes où l'on ne peut se réserver que peu de temps. Mais il faut savoir se rattraper ensuite.

Dans bien des cas, outre le minimum quotidien indispensable, on peut assurer plutôt un rythme saisonnier : les dimanches, qui dans le plan de Dieu sont faits pour cela — des récollections mensuelles, des journées de retraite et de silence prises de temps en temps ; pour les étudiants et les professeurs, les vacances scolaires, etc. C'est beaucoup plus la rectification profonde de notre jugement sur la valeur irremplaçable de la prière et le devoir strict d'y consacrer tout le temps nécessaire qui nous fera découvrir les rythmes possibles.

Nous trouvons bien le temps nécessaire pour manger et pour dormir — parce que nous savons que cela nous est une réfection sans laquelle nous ne pourrions pas tenir. Si nous jugions la prière aussi indispensable, nous en trouverions le temps.

Je me souviens d'un mot magnifique de la part d'un soldat : c'était un bon chrétien, qui se jugeait lui-même un « chrétien moyen » ; il ne savait pas ce que c'est que « faire oraison », mais il avait un sens aigu de son devoir. Il avait fait toute la Grande Guerre, Verdun, la Somme ; il disait un jour à sa femme qu'il n'avait jamais omis de faire sa prière : chaque matin, à genoux, un Pater et un Ave. Et elle lui objectait : « Mais il y a des jours où vous deviez être pressés, quand il y avait une attaque, l'ennemi qui arrivait... » Il répondit : « Bah ! si pressé qu'on soit, on trouve bien le temps de mettre ses bottes ! »

Dans toute sa simplicité, ce mot est révélateur d'un grand esprit de foi. Si pressé qu'on soit, on trouve le temps des choses nécessaires à la vie — et donc de la prière si nous avons assez de foi pour croire qu'elle est nécessaire à notre vie.

Prière et sacrifice

Il faudrait, pour y voir clair, remonter aux grands principes, à partir de quoi tout le reste s'ordonne.

La multitude des sacrifices que connaissait

l'Ancienne Loi et que nous rapporte la Bible peut se ramener à deux sortes principales : l'holocauste, le sacrifice par excellence, où l'offrande est intégralement détruite : brûlée, s'il s'agit d'une victime, répandue en libation, pour les liquides ; et le sacrifice de communion, où Dieu rend à l'homme la victime offerte qui ainsi devient pour lui nourriture et participation à la table de Dieu.

Les deux sortes sont aussi nécessaires et irremplaçables l'une que l'autre, et le sacrifice chrétien les unit merveilleusement dans la messe.

On peut discerner une analogie entre ces deux formes de sacrifice et les deux façons dont la prière sacralise notre temps : holocauste et communion, temps sacrifié pour Dieu seul et temps rempli secrètement de prière pendant que nous le consommons pour nos tâches d'hommes.

Un holocauste

L'holocauste est le temps brûlé pour le Souverain Seigneur, perdu tout entier, sans aucune utilisation terrestre, oblation dont la fumée monte droit vers le ciel. On choisit pour les offrir à Dieu les biens les meilleurs : les premiers-nés du troupeau, les prémices des récoltes, l'encens, l'or et la myrrhe.

C'est précisément parce que notre temps est une chose si précieuse qu'il faut l'offrir à Dieu.

Le Seigneur, par la voix du prophète Malachie,

nous interdit de lui apporter les bêtes médiocres ou boiteuses, mais il demande les plus belles du troupeau. Cela vaut pour les heures de notre journée : nous ne devons pas réserver pour lui uniquement les heures creuses, inutilisables pour la vie courante : heures de fatigue, de repos, de trajet, d'attente. On peut et on doit essayer de les remplir de prière, mais il ne faudrait pas que ce fût toute notre prière. Il y manquerait ce sens de l'holocauste, du temps que nous sacrifions — au sens plein : que nous offrons en sacrifice — à Dieu.

Seul importe en vérité ce que Dieu y met, peu importe au fond ce que nous y mettons.

Peu importe que nous ne soyons guère capables de pieuses pensées ou de belles formules.

Peu importe aridité ou facilité, sécheresse ou consolation.

Peu importent les distractions, pourvu qu'elles nous humilient, nous gênent et nous déplaisent.

Peu importe l'état de fatigue ou d'ennui.

La seule chose qui importe, c'est de livrer notre temps, l'étoffe de notre vie.

La prière, libation du temps

Pour reconnaître le souverain domaine du Créateur sur nous et sur notre être et sur notre vie, nous lui offrons dans la prière une dîme de notre temps, le sacrifice d'un peu de notre vie, de notre durée irréversible, geste pur et dépouillé comme celui de l'adoration et du sacrifice.

Cet animal vivant dont j'aurais pu me nourrir, je le tue et le brûle tout entier pour toi — pour aucune autre utilité que d'affirmer ta domination absolue sur toute vie et sur ma vie.

Cette huile, ce vin, ce lait, que j'allais prendre pour me refaire — les voici largement répandus devant ta face. On aurait pu les donner aux pauvres ou en faire tant de choses utiles !

Ce temps précieux dont je suis si avare, je n'ai rien de plus précieux à t'offrir — et me voici devant toi, et je le laisse couler goutte à goutte, inutile.

Cette heure de ma journée, ces soixante lentes minutes que j'ai décidé de brûler devant toi, les voici, vides, vidées de tout pour toi ; je suis confus de ne pas savoir mieux les remplir et d'être là, tout interdit, vaguement ennuyé, harcelé par ces choses que j'ai voulu écarter de cette heure pour te la donner, mais qui reviennent battre contre les parois de mon âme, et je ne sais comment les faire taire. Pardonne ma distraction, ma maladresse et mon ennui.

De toute ma pauvre foi, je crois. Tu es l'acte pur et tu agis en moi — trop profondément pour que j'en aie conscience. Tu es l'amour et tu pénètres la substance de mon âme — trop divinement pour que je puisse le sentir.

Je crois en toi, je crois à ton agir en moi, et je laisse couler le temps dans cet acte de foi, et je t'offre ainsi en libation cette heure unique, cette heure irremplaçable de ma vie qui s'écoule.

Apprends-moi à dilapider mon temps avec magnificence en libation inutile.

Je répands cette eau avec persévérance et toujours ma terre est aussi aride, et je ne vois rien germer...

Cependant pour te plaire, je continuerai ma pauvre libation.

La prière, abolition du temps

Et si un jour vient l'heure de ton bon plaisir, tu peux faire tomber le feu du ciel pour consumer en un instant toute l'eau répandue. Tu peux, à ta manière divine, transformer ce lent écoulement du temps en une expérience déjà d'éternité.

A force d'être attentive à son Seigneur, l'âme priante perd la notion de ce temps qui glisse comme du sable entre les doigts.

Le déroulement s'efface.

La multiplicité s'éteint.

La prière, atteignant enfin le niveau du silence, abolit le temps.

L'âme qui adhère à son Dieu est introduite dans l'instant éternel.

Elle expérimente l'unité.

Elle habite tout entière ce point qui ramasse la durée.

Entrée dans le silence de Dieu, elle n'entend plus le tic-tac des moments successifs.

Pour tous les autres hommes qui remplissent chaque minute d'actes diversifiés, le temps continue de couler. Pour elle, il est condensé dans l'unique nécessaire et dans l'instant unique.

L'âme orante atteint la densité la plus extrême de concentration — et en même temps elle est toute déployée dans l'acte spirituel le plus libre et le plus pur.

Ce temps à quoi si fort nous tenions, nous l'avons offert à Dieu goutte à goutte, dans une prière pauvre. Et Dieu le transmue pour nous déjà en éternité, quand il nous accorde cette expérience qui est déjà un peu celle de la Patrie où nous serons à jamais fixés dans la plénitude et le rassasiement définitif.

C'est le don merveilleux, l'entrée dans les secrets de Dieu. C'est parce que nous avons persévéré dans cette fidélité à offrir notre temps que Dieu nous a donné d'expérimenter l'abolition du temps.

Sans doute, il est maître de ses dons, et peut accorder ses grâces les plus rares à qui lui plaît. Mais il ne faut pas oublier que la voie la plus normale de la haute oraison est la longue oraison.

La prière dans le temps

Évidemment, tout notre temps ne peut être ainsi offert en sacrifice. Tant que nous sommes dans notre pèlerinage, nous nous devons à nos tâches terrestres.

Cependant l'Apôtre dit qu'il faut prier sans cesse. Durant tout le labeur quotidien, il faut que la prière remplisse notre vie.

Peu importe sous quelle forme : courtes invocations, rosaire murmuré tout au long des chemins, conversation simple avec l'Aimé toujours plus intime en nous que nous-mêmes, ou simplement adhésion de foi en la Présence qui ne nous quitte jamais, attention silencieuse au fond de notre cœur. L'âme profite de tous les instants possibles pour se retirer dans cette cellule intérieure que Dieu habite. Chaque atome de silence lui est recueillement.

Cette prière ainsi diluée au fil de nos journées nous donne une expérience de l'immanence, une intimité, une familiarité de plus en plus profonde avec Dieu ; elle pénètre toute notre vie de surnaturel. Sa valeur pour la croissance de l'amour en nous est irremplaçable.

Mais si indispensable qu'il soit, il ne faudrait pas croire que ce mode de prière puisse suffire ; déjà on peut dire que pour le maintenir nous avons besoin de « temps forts », de moments donnés uniquement à la prière ; c'est une vue juste et une expérience constante, mais qui reste encore au plan psychologique.

Mais il y a une raison beaucoup plus profonde, qui nous est apparue en dégageant le sens sacrificiel de la prière, en voyant en elle une libation de notre vie, une oblation de ce que nous avons de plus précieux, un hommage gratuit à la transcendance.

Si le temps donné purement à la prière correspond au sacrifice d'holocauste, le temps offert à Dieu à travers les mille occupations quotidiennes représente le sacrifice de communion : le Seigneur a accepté l'offrande de notre journée, et il nous rend ce temps comme nourriture : nous en usons pour gagner notre pain et pour servir nos frères ; mais nous devons nous souvenir que tout ce temps a été donné et le remplir secrètement de cette prière incessante qui consomme le sacrifice de communion.

Consacrer du temps

Cette base une fois posée nous permettrait de situer à leur juste place beaucoup de questions qui se posent dès qu'on essaye de s'adonner régulièrement à la prière : par exemple la valeur des moyens et des procédés.

Si l'on a bien vu l'essentiel, on pratique d'instinct la règle d'or à leur égard, qui est la liberté suprême, soit pour les employer, soit pour les abandonner. Il peut être très recommandable de se servir de certaines techniques psychologiques qui procurent une meilleure maîtrise de l'imagination ; de même pour les méthodes d'ordre spirituel : il faut se souvenir que tout ce qui nous aide à prier, sans nous divertir de l'unique nécessaire, nous est bon, et nous pouvons, ou nous devons, en user tant que cela nous est utile. Mais soyons vigilants et sachons nous en détacher dès que les moyens nous encombrent, nous occupent ou nous amusent au lieu de nous aider. Dans certains cas, si nous avons pris conscience de la valeur sacrificielle de la prière, nous percevons qu'il vaut mieux pour nous pâtir d'aridité que recourir aux moyens qui nous ont aidés, mais qui nous apparaissent maintenant comme des distractions pieuses.

C'est ainsi que l'aspect tout à fait foncier que j'ai essayé de souligner peut contribuer à donner un nouvel éclairage aux divers chapitres d'un traité sur la prière, et des principes de solution aux multiples problèmes qui se soulèvent à son propos : répartition dans un horaire, structure d'un office, proportion entre la prière spontanée et la prière officielle, etc.

Ce qui importe, c'est d'abord de prier, et donc de consacrer du temps à prier : la préparation de la prière, son contenu, ses modalités, ses étapes diverses importent moins que son existence, et l'existence, tant que nous sommes en chemin, s'inscrit dans le temps.

3. Un lieu pour la prière

Rien ne peut nous séparer de l'amour du Christ
(Rm 8,39).

A chaque instant, où que nous soyons, nous pouvons retrouver en nous sa Présence : dans un métro, dans la rue, dans les lieux les plus vulgaires. On peut prier partout, aucune condition n'est requise pour cet acte purement intime et immédiat, qui est comme la respiration habituelle de notre âme.

Un lieu favorable

Mais lorsque nous voulons nous mettre à prier, faire de la prière notre unique occupation actuelle, nous devons chercher autant que possible, un lieu et un cadre appropriés : ce ne sont point choses indifférentes. S'ils nous font défaut, sachons nous en passer et compenser ce qui manque à l'extérieur par un effort plus grand d'attention intérieure, mais ne négligeons rien de ce qui est en notre pouvoir pour nous procurer les conditions normales de la prière.

Le lieu par excellence de la prière, c'est l'église, surtout celle où habite la présence réelle. Mais on ne peut pas toujours aller dans une église ou une chapelle ; il est bien utile d'avoir chez soi un endroit où l'on puisse prier.

Le Seigneur disait :

> Quand tu veux prier retire-toi dans ta chambre, ferme sur toi la porte (Mt 6,6).

Avec le problème du logement, pour combien d'entre nous ce conseil tout simple de l'évangile n'est-il pas impraticable ? C'est la plainte qu'on entend si souvent, quand on conseille à quelqu'un de faire oraison : « Mais je n'ai pas d'endroit pour prier. A l'heure où je sors du bureau, les églises sont fermées, et chez nous il n'y a pas un coin où l'on puisse s'isoler. »

Tant de familles habitent ces appartements surpeuplés où on ne peut trouver aucune solitude. Pour ces mal-logés l'impossibilité d'obéir à la recommandation du Christ s'ajoute à toutes les difficultés de travail, de santé, de caractère, qu'entraînent inévitablement des conditions de vie aussi anormales.

Mais tous les foyers, heureusement, n'en sont pas là. Sans être très au large, ils ont une table pour le repas, un bureau pour écrire, un lit pour chacun, un coin pour le frigo... Pourquoi chez beaucoup d'entre eux ne trouve-t-on pas de place pour prier ?

Un espace vital pour la prière

Il ne s'agit pas seulement d'une croix ou d'une reproduction accrochée à un mur, mais d'un endroit où l'on puisse se mettre à prier, d'un espace disponible pour faire oraison.

Les parents doivent s'efforcer d'organiser tout pour que la prière personnelle soit possible à chacun dans la maisonnée.

Voyez cette petite fille ; c'est une enfant secrète, elle a certainement un attrait pour la prière. Comment pourra-t-il jamais s'épanouir ? Les trois filles couchent dans la même chambre, et dans la maison pas un mètre carré où trouver la paix.

Nous ne sommes pas de purs esprits. Faits d'un corps et d'une âme, notre prière exige tout notre être, le corps aussi bien que l'âme et les conditions inéluctables d'un corps, le temps et le lieu. Je parle ici bien entendu de la prière au sens plein, des moments où l'on s'y adonne exclusivement, et non de cette prière purement intérieure, habituelle, qui doit imprégner notre vie et toutes nos activités. Pour faire sa prière, il faut donner de son temps et trouver un lieu.

Y avez-vous songé, quand vous avez visité cette villa que vous comptez louer pour les vacances ? Vous êtes-vous demandé quelle pièce serait la plus favorable à la prière ? Dans les grandes maisons à la campagne, dans une ferme par exemple, on n'a souvent que l'embarras du choix : un hangar, un coin du grenier entre deux grosses poutres, une cahute isolée se laisseront facilement aménager.

Mais en ville dans nos appartements où la place est si mesurée ? Il suffirait souvent d'y réfléchir ensemble — il suffirait surtout d'en sentir vraiment le besoin — pour découvrir un lieu favorable. A chacun de chercher. Si la prière a trouvé sa place dans notre vie elle fera aussi sa place dans notre demeure.

Prier sur de la beauté

Tout notre souci doit être de faire vrai : essayons humblement, avec sérieux et respect, de disposer un lieu qui soit en accord avec les exigences les plus profondes de la prière et du silence. Il ne s'agit pas tant de l'orner, il faut qu'il soit assez beau pour n'avoir nul besoin d'ornement.

Efforçons-nous de rejoindre la beauté dans la pureté, le dépouillement, la simplicité. Dans ce domaine nous avons les yeux tellement remplis de choses conventionnelles et commerciales qu'une rigoureuse vigilance sera nécessaire pour les éliminer de notre oratoire : n'y tolérons rien qui donne une impression de bavardage, aucune occasion de distraction, même pieuse. Ce n'est certes pas le lieu des statuettes, des « souvenirs », « des objets de piété ». Nous n'y installerons pas la crèche, elle sera mieux dans la chambre des enfants.

Ici, nous cherchons plutôt par la sobriété une purification de la sensibilité et une invitation au recueillement : un climat propice à l'oraison. A mesure que nous progressons, tout ce qui n'est pas absolument simple et pur nous devient intolérable.

Un foyer chrétien doit s'efforcer de recréer progressivement une sensibilité artistique chrétienne telle que la suggèrent l'art roman, l'art des icônes, ou simplement une bonne disposition de l'espace.

Cet oratoire ainsi réalisé exprime quelque chose de rigoureusement personnel, un peu de l'âme profonde du foyer.

Silence et pénombre

Concrètement si nous sommes décidés à établir chez nous ce lieu de prière nous devons essayer de réaliser certaines conditions.

Selon le mot de l'évangile, qu'on puisse « fermer la porte sur soi », au moins moralement ; s'y isoler, au moins à certaines heures.

Un minimum de confort est souhaitable. Il vaut mieux qu'on puisse trouver un certain repos dans ce lieu destiné à la prière : la paix de la contemplation suppose la possibilité d'une détente physique, d'une stabilité sans effort ; et aussi des conditions favorables de silence et d'éclairage.

Il est souvent impossible d'éliminer tout bruit mais il suffit d'amortir ce qui empêche réellement la prière.

Veillons avec beaucoup de soin à l'éclairage : une lumière discrète, une certaine pénombre, avec la possibilité de lire quand on le désire. Il faut aussi penser aux quelques livres nécessaires : un missel, un psautier, tel livre d'heures, la Bible surtout, à portée de la main ou exposée avec honneur.

De l'eau bénite, peut-être : c'est un sacramental qui lave notre âme et chasse les distractions. Au début de l'oraison, prendre avec attention de cette eau bénite purifiante pour s'en signer ou s'en asperger est une excellente façon de commencer à prier, dans un geste qui nous rappelle notre baptême tout en nous rendant présents à nous-mêmes et à Dieu.

Une invitation permanente à prier

Maintenant notre petit oratoire est installé, avec tant d'amour ! Nous pourrons demander de le bénir : il y a au rituel une belle bénédiction tout exprès. Sa seule présence constitue une invitation permanente à la prière et les enfants le sentent bien !

Le plus petit qui a trois ans et demi, y vient tout doucement quand sa maman prie ; il reste là, sans la toucher, sans faire de bruit, presque sans bouger. Elle, plongée dans son oraison, ne cherche pas à le retenir. Mais il ne demande rien. Il est près de sa maman qui est près de Jésus, et il est bien. Il est trop petit pour faire oraison — c'est du moins l'avis des grandes personnes, peut-être n'est-ce pas l'avis du Saint-Esprit ?

Nous-mêmes, nous y trouvons une aide pour la prière : il crée la pente favorable, si je puis dire : partout ailleurs dans la maison on est happé par les sollicitations diverses ; ici on sait bien qu'on est là pour prier. Même dans ce domaine, n'est-il pas légitime de chercher à établir ce qu'on pourrait appeler des réflexes conditionnés ? Rien de ce qui peut nous faciliter l'oraison, même les dispositions les plus matérielles, n'est à négliger. « Car le surnaturel est lui-même charnel... »

Et les lieux, à la longue, s'imprègnent de prière. Cela se perçoit bien dès qu'on s'approche d'une ancienne abbaye. Mais il faut du temps, beaucoup de temps : on prie dans ces murs depuis mille ans. Pour nous, jour après jour, nous pénétrons notre oratoire de prière. Quand nous y aurons brûlé mille heures en holocauste, il en gardera à jamais le parfum.

Une exigence inexorable

La seule exigence de ce lieu consacré à la prière change quelque chose dans l'atmosphère de la maison. Il marque le sens vertical dans la disposition même de notre habitat, il affirme la place du sacré dans nos vies. Nous y avons mis le meilleur de nous-mêmes. Dans sa sobriété, il est vraiment beau et pur.

C'est très dangereux d'avoir voulu insérer un

peu d'oraison dans notre vie. Cela nous a demandé d'abord un sacrifice de temps, puis d'espace, et maintenant, peu à peu, nous sommes amenés à y accorder tout le reste... Engrenage dont on ne peut se déprendre sans infidélité. Bienheureuse exigence inexorable !

4. Prier dans le métro

Un trajet habituel, sans changement : vingt-quatre minutes où je n'ai nulle obligation, aucune initiative à prendre, je dois pouvoir trouver la paix complète. Cherche la paix et poursuis-la, dit le psalmiste (Ps 34, 15) : Écarter doucement les soucis, refuser toute préoccupation vaine ou étrangère.

Prière en solitude[1]

C'est une heure d'affluence : compression, promiscuité, étouffement, air irrespirable.

1. Cette parole intérieure est toute tissée de textes de la Bible : prières d'Abraham et de Jacob, supplications des

Peu importe. Dieu est présent. Je ferme les yeux. Dieu fait en moi sa demeure. Le Tout-Puissant est ici et je ne le savais pas. Ce lieu est saint. O Maître des mondes, me voici devant toi face à face. Au sein de cette foule, je me tiens en ta présence dans une intacte solitude. Seule avec le Seul[2].

Mon Seigneur et mon Dieu[3]. Voici, mon âme est devant toi, offerte, livrée. Baigne-la de silence et de paix, imprègne-la de foi et d'amour, remplis-la de louange et d'action de grâces.

L'Esprit dans mon cœur dit Abba, Père. Et je prononce avec lui le mot ineffable, et je me tais pour laisser monter en moi son gémissement inexprimable[4].

La Présence m'habite tout entière. Père Saint, garde mon pauvre cœur dans l'adoration silencieuse, maintiens-le attentif à l'unique nécessaire.

psaumes ou des prophètes, mots des Apôtres, paraboles de l'Évangile sur la prière, etc.

Plutôt que de hacher le texte d'une multitude de références, je crois préférable de les donner en note, paragraphe par paragraphe, en suggérant au lecteur de les chercher, de les remettre chacune dans leur contexte, pour apprendre directement de la Parole divine l'art de prier, et la façon dont l'Esprit lui-même nous enseigne à parler à Dieu.

2. Jn 14, 23 ; Gn 28, 16, 17.

3. Jn 20, 28 : c'est le mot de Thomas qui reconnaît la Divinité du Christ.

4. Ga 4, 6 ; Rm 8, 26.

Prière en multitude

Pardon, Madame...

Une station bondée. Une marée nouvelle s'engouffre dans la voiture déjà pleine, au prix d'un écrasement vertical : chacun est laminé entre quatre corps, et comment respirer ?

Et comment retrouver mon oraison ? Où en étais-je ?

Peu importe où j'étais, c'est ici que je suis, dans cette multitude où le Seigneur m'a placée, molécule de cette dense pâte humaine. C'est ici qu'il me veut, prise parmi ces hommes pour être leur déléguée auprès de lui.

Cinq cents personnes peut-être dans cette rame de métro, plus qu'il n'y a d'habitants dans mon village natal.

Et combien te connaissent, Seigneur ?

Cette joie, cette lumière, cette certitude que tu as mises dans mon cœur, ce don de la foi que tu m'as fait gratuitement, pourquoi pas à tous ceux-là, ô Dieu ?

O Juge de la terre, loin de toi de faire une injustice[5] ! Aie pitié d'eux. Tous les biens sont à toi, donne. Cela ne te coûte rien. Cela a coûté le sang de ton Fils.

Donne-leur de te connaître et de t'aimer. Touche leurs yeux d'un peu de ta lumière. Mets dans

5. Gn 18, 25.

leur cœur le désir de la vie, la soif de la vérité, ouvre-les à l'amour.

Tous les biens sont à toi. Un jour tu as osé nous faire cette confidence que tu mets ta joie à nous faire du bien[6]. Ne résiste pas à cette joie, fais couler tes biens les meilleurs sur tous ces êtres qui m'entourent de si près. Parmi eux tant de visages inquiets ou clos, matérialisés, vides d'âme, et cette gosse anxieuse à deux pas de moi, visiblement au fond de la détresse...

Intercession

Seigneur, tu m'as placée ici ce soir parmi eux, dans ce contact combien étroit, parce que tu avais l'intention que je vienne te prier pour eux. Cède donc à la prière, donne ce que tu as voulu qu'on te demande.

Tu les as pétris de tes mains et tu as soufflé en eux une âme vivante et tu les as faits à ton image et ressemblance : et pourquoi tout cela ? Pour rien d'autre que te connaître, t'aimer et partager ton paradis avec toi. Alors ? Lève-toi. Pourquoi dors-tu, ô Maître ? Mes hôtes de ce soir ont besoin de trois pains. Es-tu comme un dormeur terrassé par le vin ? Réveille-toi ! Pourquoi leur cacher ta face ? Pourquoi les oublier jusqu'à la fin ? Debout, viens à leur aide ! Rachète-les en raison de ton amour[7].

6. Jr 32, 41.

7. Gn 2, 7 ; 1, 26 ; Ps 44, 24 ; Lc 11, 5 ; Ps 44, 25-27 ; 78, 65.

N'avais-tu pas promis que lorsque le Messie serait venu, tu répandrais ton Esprit sur toute chair ? Et vois : ceux-ci ne sont que chair. Envoie ton Esprit et ils seront créés. Ce ne sont pas les morts qui te louent, Seigneur[8].

Ton Fils est venu apporter le feu, et son plus grand désir c'était qu'il brûle. Et tous ces gens, vingt siècles après, n'ont jamais ouï dire qu'il y eût un feu ni une lumière[9].

Ton Fils premier-né est mort voici deux mille ans pour qu'ils aient la vie, et ils ne le savent pas. Comme je voudrais le leur dire tout de suite, à mon voisin, à ma voisine, leur annoncer la bonne nouvelle que le Christ est ressuscité...

Ce n'est pas possible. On ne s'entend pas dans le métro. D'ailleurs ils vont descendre à la prochaine station. Et puis saurais-je trouver les mots qui leur feraient parvenir la merveilleuse annonce ?

Si je ne peux pas leur parler de toi, au moins je puis, à toi, te parler d'eux. De tout mon cœur, je te prie pour eux. Fais qu'ils te connaissent, toi et celui que tu as envoyé, Jésus-Christ. Suscite-leur des apôtres. Ménage-leur des occasions d'entendre proclamer ton nom. Poursuis-les. Œuvre en eux. Aie pitié de cette foule qui n'a pas de pain, de ces brebis qui ne connaissent pas le Pasteur. Ce sont des petits, souviens-toi de ton amour pour eux[10].

8. Jl 3, 1 ; Ac 2, 17 ; Gn 6, 3 ; Ps 104, 30 ; 115, 17.
9. Lc 12, 49.
10. Jn 17, 3 ; Mt 9, 38 et Mc 8, 2 ; Mt 9, 36 ; Jn 10, 14, 16.

Ne fais pas comme le juge inique. Ne reste pas sourd et impassible, ô Dieu ! Ils font partie de mon héritage, et je t'importunerai autant qu'il faudra. Je ne te quitterai pas que tu ne les aies bénis[11].

O Père tout-puissant, il t'a plu de lier ta toute-puissance à la prière de tes enfants.

Laissez-vous mener par l'Esprit

La multitude, ô solitude : dans une foule on est seul. Mais seul en face de Dieu.

On peut à son gré choisir la solitude, se retirer de la multitude pour trouver Dieu, le rejoindre dans le désert où il nous attire, aussi seul avec lui qu'un Chartreux sous les étoiles dans les neiges éternelles, ou qu'Elie dans le désert de Cin[12] ;

— ou bien accueillir la multitude, accepter toute la situation concrète qui nous est imposée en cet instant, et ouvrir les portes les plus intimes de notre cellule intérieure à cette cohue de tout-venants dont chacun est notre frère, et les présenter au Seigneur avec instance et supplication, car chacun est son enfant et ce n'est pas pour rien qu'il a voulu nous mettre ce soir à côté d'eux.

11. Lc 18,2 ; Ps 83, 2 ; Gn 32, 27.
12. Os 2, 16 ; 1 R 19.

Lequel est le meilleur ? Prier en solitude, ou prier dans la multitude ?

« Or, voici : laissez-vous mener par l'Esprit » (Ga 5, 16).

5. Apprendre à tout quitter

On ne meurt qu'une fois dans sa vie, c'est pourquoi on en a peur : on ne sait pas mourir. L'expérience faisant défaut, on risque de manquer sa mort.

Pour réussir sa mort, il faudrait pouvoir apprendre à mourir. Qui nous l'enseignera ? Qui en a fait l'expérience ? Lazare ne nous a pas laissé ses mémoires...

Mourir, c'est lâcher tout, et même son propre corps, pour être livré totalement à Dieu dans la lumière de la vision.

Il y aurait donc un moyen bien simple d'apprendre à mourir : ce serait de nous exercer chaque jour à lâcher quelque chose pour nous livrer à Dieu aussi totalement qu'il est possible, dans la nuit de la foi.

Nous pourrions faire là, à peu de frais, des répétitions extrêmement utiles, acquérir un entraînement d'un prix inestimable, si nous prenions simplement conscience de la valeur de ce moment important qu'est l'entrée en oraison.

L'entrée en oraison

La mort est l'entrée en paradis.

Si l'oraison est l'apprentissage du paradis, l'entrée en oraison est l'apprentissage de la mort.

Comment voulez-vous qu'on sache un jour tout quitter pour entrer dans la lumière de Dieu, si l'on n'a pas été capable de quitter chaque jour une petite chose de rien du tout — fermer son livre ou lâcher son tricot — pour entrer dans la présence obscure de Dieu ?

— Je compte mes mailles, attendez que j'aie fini mon rang.

— Ce livre est intéressant, encore quelques pages et me voici.

— Alors vous ne saurez pas mourir. Dieu vient comme un voleur. Il ne nous laisse jamais le temps d'achever notre tricot ou de terminer un chapitre.

Larguer l'amarre

Quand viendra l'heure de notre mort, si nous ne savons pas tout lâcher pour bondir dans la joie de Dieu, toutes ces choses à quoi nous tenons tiendront à nous, comme par des filaments qui nous empêcheront d'être tout disponibles pour le paradis : il faudra que l'attente creuse notre désir ; nous souffrirons alors des attaches que nous n'aurons pas su dénouer, et cette souffrance nous libérera progressivement jusqu'à nous rendre totalement capables de joie.

De même, au moment de l'oraison, si nous n'avons pas su couper net nos occupations, elles nous occuperont et nous empêcheront d'être tout aux choses du Seigneur. Ces vingt mailles que vous n'avez pas su quitter ne vous quitteront pas... Et ce sera le purgatoire des distractions envahissantes, la peine de subir ce qu'on n'est pas encore capable de quitter.

Il n'est pas entièrement en notre pouvoir de « chasser les distractions », mais nous pouvons faire porter notre attention et notre effort sur le début de l'oraison, avec l'intention précise d'en faire un apprentissage de la mort.

Quittons toutes choses de notre plein gré, à l'heure que nous avons fixée, comme nous serons obligés de les quitter un jour, à l'heure fixée par Dieu. Pour ces dix minutes, sachons larguer l'amarre, toutes les amarres. Il faut entrer dans l'oraison comme on se laisse couler en eau profonde et non comme celui qui avance à petits pas, sur la plage doucement inclinée, en hésitant à perdre pied.

Efforçons-nous de lâcher tout pour Dieu, de nous élancer à sa rencontre sans un regard en arrière, et une bonne part du purgatoire des distractions nous sera certainement épargnée.

Apprentissage de la liberté

Et quel entraînement à la liberté !

Ce petit sacrifice des vingt mailles qui restaient sur mon aiguille ou des trois dernières pages de cet article constitue la meilleure préparation immédiate à l'oraison : à la fois au plan psychologique, un effort de maîtrise de soi, de détachement, et au plan spirituel, une éducation de la disponibilité qui nous prépare à recevoir la grâce.

C'est en même temps une profonde preuve d'amour qui touche le Seigneur et le dispose à nous combler : dès maintenant, il fera de notre oraison un apprentissage mystérieux du paradis et, à l'heure de notre mort, il nous rendra totalement libres pour répondre à son appel.

6. Être avec Dieu

Pour moi, être avec Dieu est mon bien
(Ps 73, 28).

L'autobus file juste comme Françoise arrive à la station. A cette heure-ci, il faudra attendre dix minutes, elle va être en retard. Et elle passe ces dix minutes à piétiner, le regard tendu anxieusement vers le bout de la rue où le suivant doit surgir.

Jean n'a qu'une lettre à faire timbrer. Au guichet, une seule personne devant lui ; mais précisément elle envoie des petits paquets chargés par avion dans des villes inconnues, à l'autre bout du monde ; l'employé y perd son latin, et vingt minutes après Jean est encore là, bouillant, excédé de cette perte de temps stupide.

Notre vie, surtout dans les villes, comporte beaucoup de ces vides imprévus que nous gaspillons avec inconscience. Et pourtant, ils pourraient être si précieux !

Dieu n'est pas distrait

Ce n'est pas par hasard que ces petits contretemps nous arrivent. « Pas un cheveu ne tombera de votre tête... » Dieu n'est pas distrait, il n'est pas en voyage, ou occupé à ses affaires (1 R 18, 27). Il nous aime (Jn 16, 27) et il est tout-puissant (Ps 147, 5).

C'est lui qui a réglé les ébats du gros poisson en sorte qu'il se trouve là à point nommé pour transporter Jonas (Jon 1) ; c'est lui qui a disposé le cours des Pléiades et d'Orion (Jb 9, 9), et c'est lui aussi qui, organisant avec précision le mécanisme des transports en commun, en synchronisme avec nos propres courses, nous a ainsi ménagé ces dix minutes vacantes pour se donner et pour nous donner la joie d'un instant de silence et d'intimité : Lui a mis sa joie à être avec les enfants des hommes (Pr 8, 31) et pour moi, être avec Dieu est mon seul bien (Ps 73, 28).

Et voilà que nous, inattentifs et butors, nous nous irritons...

Mon unique occupation est d'aimer

Tâchons au contraire de nous accorder à cette intention d'amour : à ce moment-là, puisque le Seigneur nous a délivrés de toute autre tâche, notre unique occupation est d'aimer.

Notre devoir d'état nous oblige presque constamment à une activité extérieure qui absorbe toute notre attention et nos forces. Nous essayons bien de travailler pour le Seigneur, nous lui offrons notre effort, mais nous ne pouvons maintenir avec lui cette union actuelle qui est pourtant le seul désir de ceux qui aiment.

C'est pourquoi lui-même a prévu dans nos journées ces précieux instants, où, n'ayant rien d'autre à faire qu'à attendre, nous sommes par la force des choses libérés de tout le reste et nous pouvons plonger dans le silence, retrouver le Seigneur dans la cellule intérieure où toujours il nous attend. Sachons reconnaître ces attentions divines et leur donner tout leur prix. Efforçons-nous de profiter de ces haltes qu'il nous a ménagées, qu'il nous impose même, car il sait bien que nous ne sommes pas très capables de les prendre nous-mêmes.

Lorsque survient une de ces attentes imprévisibles qui dérange nos projets, prenons conscience clairement, explicitement, du choix qui s'offre à nous : ou bien nous laisser entraîner par notre activité déjà lancée — qui pour l'instant tourne à vide et s'affole, sous forme de tension, d'impatience, d'anxiété : toutes choses d'ailleurs beaucoup plus fatigantes que l'activité réelle elle-même, et de surcroît parfaitement inutiles.

Ou bien consentir avec douceur, obéir en souplesse à cette invitation providentielle, et entrer pleinement dans le jeu : débrancher nos préoccupations, couper le courant, et préférer Dieu, simplement. Préférer Dieu, sa présence, son silence, sa paix, à notre insipide bavardage intérieur et à notre agitation vaine. Ce geste si simple, et qui semblerait aller de soi, suppose beaucoup de foi et d'amour. Et quand on l'a compris, il faut s'y entraîner avec patience et le mendier avec persévérance.

Mon amour est mon poids

Demandons instamment cette grâce de transformer l'attente en attention, de remplir le vide de présence ; essayons non seulement de prendre notre parti de ce moment vacant, de ne pas nous en agacer, mais de l'accueillir avec reconnaissance, avec le souci d'en user bien, de ne pas le dilapider dans le vague. Profitons-en pour « revenir à notre cœur », retrouver notre centre de gravité authentique dont tout l'extérieur tend à nous arracher sans cesse : *« amor meus, pondus meum »*, mon amour est mon poids, disait saint Augustin ; laissons notre âme céder enfin à cette attraction et se ramasser à la source de notre être en ce creux le plus secret où le Seigneur fait en nous sa demeure ; et là, en paix, l'écouter, nous offrir à sa présence, prolonger l'action de grâce et entrer, pour cet instant si court, dans le mystère de l'union.

Si, plusieurs fois au cours de la journée, nous avons su, même dans des conditions défavorables, au milieu du bruit de la foule, des préoccupations pressantes, répondre à l'invitation du Seigneur, lâcher tout, faire halte, et nous enfoncer dans le silence et dans la foi à sa présence, comme au moment prévu et dans des conditions meilleures, l'entrée dans l'oraison nous sera plus facile. Tous ces problèmes qui nous arrêtaient ne se poseront plus guère : comment nous libérer, comment déposer notre fardeau, de quelle façon commencer. La meilleure recette pour les résoudre est dans cette fidélité à profiter des occasions providentielles que nous offre le Seigneur pour nous y entraîner, pour céder au poids de l'amour. Ainsi se crée peu à peu dans l'âme une attitude habituelle, une facilité, et en même temps une soif et un besoin d'oraison.

Car l'oraison est ainsi faite qu'on la désire plus à mesure qu'on s'y adonne davantage. Celui qui n'en a jamais goûté n'en a pas soif ; plus nous la pratiquons, plus nous en avons le besoin et le désir, et plus — sauf épreuve spéciale — il nous devient aisé d'y plonger au moindre signe du Seigneur.

Et quand nous entendrons l'invitation définitive : « Entre dans la joie de ton Maître », comme cet entraînement de toute une vie et cette expérience de l'intimité nous rendra plus facile de lâcher tout pour entrer en Paradis, où nous retrouverons simplement, dans la paix, la plénitude et la lumière, ce seul bien que, à chaque étape, à travers les difficultés et dans l'obscurité, nous aurons préféré, le *être-avec-Dieu* !

7. Une prise de courant

Les contemplatifs dans l'Église

Dans ce grand bâtiment illuminé qu'est l'Église, brillant au sein de la nuit et du temps, la vie contemplative joue le rôle d'une prise de courant : c'est elle qui assure le contact permanent avec la source de lumière, de chaleur et de force, avec la Source éternelle.

Elle n'attire pas les regards, elle est silencieuse et cachée. Beaucoup se demandent à quoi elle peut bien servir, ou ignorent son existence. S'ils savaient que toute fécondité dans l'Église passe par elle : œuvres, efforts, paroles, apostolat, progrès spirituel, réalisations de toute espèce...

— Qu'est-ce qu'elles font ? demandait un ouvrier venu dans un monastère pour une petite réparation.

— Elles contemplent, répondit sans plus la brave portière.

— Oh ! ça, au moins, c'est pas fatigant.

Voire. Qu'il essaye. Quarante-huit heures seulement. Rien de plus usant pour un pauvre être fait de chair et de sang, tout dévoré de besoins et pressé de sollicitations multiples, pour un homme de bonne volonté qui veut bien se donner du mal à condition de palper les résultats, rien n'est plus dur sur cette terre que cette pure permanence dans la foi.

Durer en face de Dieu que nul n'a jamais vu. On ne le touche pas, on ne le sent pas, on ne le perçoit pas. Croire que le courant passe, même si on ne voit jamais la lumière. Croire qu'il apporte au monde clarté, chaleur et force. Croire qu'il recharge une mystérieuse réserve d'énergie dont nous ne savons rien. Croire, alors que nul écho ne nous en parvient, à l'efficacité de ce contact obscur. Croire envers et contre tout, et souvent dans la ténèbre, la souffrance ou l'épreuve.

Tenir devant Dieu

Tenir la faction épuisante toute la nuit. On se prend à crier avec le prophète :

> Veilleur, où en est la nuit ?
> Veilleur, où en est la nuit ? (Is 21, 11).

Il faut tenir jusqu'au jour, jusqu'au Jour du retour du Seigneur, jusqu'à ce que le monde ait achevé de mûrir dans sa gangue de pierre, et qu'enfin apparaisse la splendeur de la gloire, le ruissellement de la lumière à travers la transparence de l'or[1].

En attendant, il faut durer dans le silence et l'espérance, maintenir coûte que coûte le contact dans la foi et dans l'amour aux yeux clos :

> dans cette obscurité fuse toute lumière,
> de cette source ignorée sur le monde coule la paix,
> dans cette immobilité la vie reçoit énergie,
> de ce temps perdu toute action recueille efficacité,
> dans ce repos tout labeur prend son sens,
> dans ce silence mûrit la parole qui portera fruit,
> de ce creux profond sourdent les fontaines
> qui abreuvent l'univers.

L'oraison dans nos vies

Ce qu'est dans l'Église l'immense réalité de la vie contemplative, de la vie religieuse vouée à la contemplation, notre instant de vie contemplative, l'oraison l'est pour chacun de nous dans notre vie.

Le plus souvent, il ne s'y passe rien. Tout y est mystère de foi.

Devant cette prise de courant, il n'y a pas moyen de savoir si le courant arrive ou non. On est tenté de penser que cela ne sert à rien, quand on ne voit aucune lumière, qu'on ne touche aucun résultat.

1. Cf. Ap 21, 18.

Mais ce moment où, dans la foi, nous sommes en contact avec la Source unique, c'est ce qui nous recharge, en permettant à la grâce de notre baptême, à la grâce de l'eucharistie, de rayonner dans tout notre être, de s'épanouir pleinement, de faire de notre vie une vie d'intimité avec Dieu. L'oraison crée en nous ce milieu de silence qui nous introduit dans la Présence, l'attention qui nous rend perméables à l'action divine. Si nous offrons notre âme à Dieu, il nous remplit nécessairement de sa grâce et de tous ses dons, que nous le sentions ou non : sa Parole y est engagée.

L'oraison est un des points privilégiés par où nous vient la lumière et la chaleur et la vie et la force : ce contact recharge les accumulateurs, alimente tout le reste. Il faut y croire : c'est un objet de foi.

Dans notre vie aussi, comme dans la vie de l'Église,

> de cette source cachée ruissellent des pays de fontaines,
> de cette nuit émane toute clarté,
> de ce creux d'ombre se répand la paix,
> dans ce vide notre jeunesse se renouvelle comme l'aigle,
> de ce temps perdu notre journée reçoit efficacité,
> dans ce repos tout notre travail prend valeur,
> à partir de ce silence notre parole devient féconde.

Mais l'oraison elle-même, par où nous viennent tous ces biens, peut rester glacée, noire, opaque et dure. Aucune importance : c'est la prise de courant.

Et si d'aucuns ont quelque mal à tenir chaque jour ce court instant d'oraison, à y affirmer leur foi, peut-être cette expérience les amènera-t-elle à une plus juste estime de la vie contemplative, à une conception meilleure de sa fonction irremplaçable dans l'Église.

8. « Sacrifice de louange »

Un « sacrifice de louange ». Cette expression, qui revient plusieurs fois dans les psaumes[1], peut nous poser des problèmes.

Car un sacrifice, c'est quelque chose qui nous coûte : dans l'Ancien Testament, les plus belles bêtes du troupeau intégralement brûlées en l'honneur de Dieu... Allez en parler à un éleveur ou à un berger ! Et, dans notre langue si désacralisée, « faire un sacrifice », cela représente toujours quelque chose d'onéreux.

Or, qui dit louange dit admiration, enthousiasme : la joie de chanter son émerveillement devant les merveilles de Dieu.

Si le sacrifice peut être offert en louange, il ne semblerait pas que la louange puisse être un sacrifice.

1. Ps 50 (49), 12-13 ; 107 (106), 22.

La louange

La louange est heureusement redécouverte par beaucoup de chrétiens. C'est une des grâces les plus précieuses que l'Esprit fait à notre temps.

Elle est redécouverte par certains à travers le goût de la liturgie. Les splendeurs du grégorien étaient hermétiques pour beaucoup et la difficulté du latin aggravait la gêne. Après une période désertique, de passage à vide, de recherches à tâtons, de flottements, voici qu'en bien des endroits s'instaurent des liturgies vivantes et belles. Et le peuple fidèle y accourt, a soif de participer à cette prière. Et il s'y imprègne de louange.

Il y a aussi le retour à la Bible. Retour lent, difficile, qui, sauf en quelques rares points, n'a pas encore pénétré la masse du peuple de Dieu, mais qui progresse, indubitablement. Et la Bible est la grande maîtresse de louange, tout orientée dans ce sens.

Le facteur dominant de cette rentrée dans la louange paraît bien être la multiplication des groupes de prière, où l'accent est si fortement mis sur la louange. Jusque-là, pour beaucoup, « prier », c'était « dire des prières », ou « faire sa prière », ou encore la supplication éperdue dans une détresse grave ou un besoin urgent. Et voilà qu'ils entrent dans l'action de grâces, et pas seulement pour un accident évité ou un examen réussi, mais pour tous les bienfaits de Dieu, pour la création et pour le salut, pour les sacrements, pour les dons de l'Esprit... Et au-delà, ils découvrent la joie que Dieu soit Dieu, l'éloge, l'émerveillement devant son mystère, le bonheur de le lui redire sans fin.

Mais faut-il l'avouer ? — sauf si l'Esprit souffle en rafale, on sent parfois un certain décalage entre ce sens profond de la louange, ce désir de chanter les splendeurs de Dieu, et une certaine impuissance à les exprimer. Non un dépassement apophatique, mais simplement une certaine indigence, un terrain trop pauvre, un souffle vite épuisé, des mots trop courts — il ne s'agit pas de culture littéraire, c'est bien autre chose.

Ces chrétiens qui balbutient au seuil de la louange, il leur manque peut-être d'avoir appris la langue de Dieu. Seul Dieu parle bien des choses de Dieu. C'est dans la parole de Dieu, telle qu'il l'a fait écrire par nous, que nous apprendrons à parler à Dieu et à parler de Dieu. Non pas en y cherchant des textes qu'on réciterait comme des formules de catéchisme. Mais comme on apprend une langue vivante : il s'agit de s'y baigner, de s'en imprégner, de vivre dedans, de la recevoir par tous ses pores, de s'en pénétrer. La familiarité globale avec la Bible, et aussi avec la liturgie, nous accorde au mystère de Dieu, nous met sur la juste longueur d'onde.

Les psaumes

Il faut souligner à ce point de vue le rôle unique du psautier dans la Bible.

Dans tous les autres livres, nous recevons : enseignement théologique ou historique, exhortations, conseils, lumières, leçons, révélations. Nous écoutons, nous nous instruisons, nous assimilons, nous recevons toujours.

Mais la Bible est dialogue. Et elle l'est grâce au psautier[2]. Les psaumes, c'est la parole de Dieu qui nous est donnée pour devenir notre parole à adresser à Dieu. Grâce aux psaumes, notre réponse elle-même est parole de Dieu.

Don merveilleux : je ne vous appelle plus serviteurs, mais amis. Sa parole est devenue mienne, ma parole est la sienne. Il a mis ses mots dans ma bouche et, moi, je parle à Dieu une parole de Dieu.

Parole inépuisable. Richesse illimitée. Tous les trésors de la musique et de la poésie, toutes les images, toutes les richesses verbales, toutes les nuances de sentiments, toutes les notes de la grâce, toutes les formes de prière sont à toi. Tu peux puiser à ton gré. Le trésor est tien.

Oui, mais... Souvent, dans les psaumes, je trouve un mot vraiment priant, que je puis sans peine m'approprier. Mais, parfois, ils me heurtent ; plus souvent ils me sont étrangers. J'essaie de dire l'un ou l'autre, avec application, en relation avec la liturgie du jour, mais je ne sens pas du tout ce trésor comme mien. Comment faire ?

Le seul moyen est de se l'approprier. S'appro-

2. Auquel il faut joindre les hymnes et cantiques qui se trouvent dans d'autres livres.

prier un texte, ce n'est pas le recopier — encore moins le photocopier — pour le garder dans un dossier, c'est le savoir par cœur.

Mémoriser

C'est un des points sur lesquels nous mutilons gravement les enfants qui nous sont confiés. Mutilation par atrophie, par absence totale d'exercice, d'une des richesses les plus utiles à la construction équilibrée de la personne humaine. Nous ne mémorisons plus. Un carnet pour les renseignements immédiats, des fichiers et des classeurs pour accumuler tout ce que nous voulons garder — et notre culture s'effondre. Ce n'est pas le lieu ici de parler de la culture humaine, mais des bases essentielles de notre foi et de notre vie avec Dieu.

Il faudrait réfléchir au rôle des textes dans la Révélation dont nous vivons, à cette Écriture sainte que Dieu nous adresse, Parole fixée sous l'inspiration, irréformable jusqu'à la fin des temps. Et, au cœur de ce livre, les psaumes qui nous sont donnés pour devenir nôtres. Comment ne pas nous hâter de les faire nôtres ? Ce trésor est à nous, et nous négligeons d'en prendre possession.

C'est que nous ne savons plus mémoriser[3]. Si

3. Pensez à la mémorisation rigoureuse dans les écoles rabbiniques, comme dans les écoles coraniques. Nos enfants ne seraient-ils pas plus armés pour la vie, mieux construits

on jouit d'une mémoire moyenne, on arrive assez vite à savoir un texte, de façon à pouvoir, par exemple, le reconstituer par écrit.

Mais le savoir par cœur, c'est bien autre chose. Cela demande une répétition persévérante, jusqu'à ce que tout le mécanisme soit monté, dans nos réflexes, dans nos muscles vocaux, pour que nous puissions le redire, même si nous n'y *pensons* pas. Nous savons peut-être ainsi le Pater : il nous arrive de commencer, « Notre Père... », puis d'avoir une distraction et de nous retrouver pourtant à la fin de la prière sans accroc. Je le sais assez pour qu'il se dise en moi, quelle que soit la fragilité de mon attention. C'est cela, savoir par cœur, être assez imprégné, habité par un texte, pour qu'il nous monte spontanément du cœur aux lèvres.

Il y a tant de choses qui nous habitent ainsi — même malgré nous ! —, que nous savons et dont nous ne pouvons pas nous défaire, tant les mécanismes ont été bien montés : des rengaines obsédantes, des slogans publicitaires, des refrains de chansons à la mode...

Comment faire ?

Comment faire pour remplacer ce fatras par la parole de Dieu ?

La parole de Dieu, c'est un monde. Le psau-

dans leur foi, s'ils arrivaient à l'adolescence en sachant par cœur l'Évangile, en récitant spontanément des psaumes ?

tier aussi, c'est un monde. Il faut du temps pour l'assimiler. Le mieux serait de se fixer un objectif précis, limité, modeste, pour être efficace : choisissez un psaume, celui que vous aimez le mieux ou celui qui vous paraît le plus facile ou celui qui revient le plus souvent dans la liturgie, et apprenez-le doucement, strophe après strophe, un jour après l'autre. Si vous le pouvez, aidez-vous de la mélodie, d'une formule psalmique simple. Répétez, murmurez, fredonnez, remâchez sans cesse ce que vous avez appris. Ne vous hâtez pas. Vous avez la vie devant vous. Ne passez au suivant que lorsque celui-ci est parfaitement intégré, profondément incorporé à votre substance : quand vous vous surprenez à le réciter sans avoir donné le coup d'envoi. Il ne s'agit pas d'en apprendre beaucoup, il s'agit, à force de les relire, de les reprendre, de les mastiquer, que cela devienne notre respiration même.

Peu à peu, ces mots de louange s'incorporent à notre fond, pénètrent notre psychologie et ses recoins, comme les aliments s'incorporent à notre chair. Soljenitsyne, dans un camp de déportation, décrit avec insistance la façon dont il faut mâcher longuement une rondelle de saucisson pour en extraire tous les sucs, si on veut vraiment s'en nourrir. Ceux qui ont fait l'expérience de la faim savent combien il faut mâcher pour assimiler. Si l'Esprit Saint a mis en nous cette faim de louange, nous saurons mâcher et remâcher les psaumes pour assimiler le suc de la louange.

Saint Jérôme disait que la parole de Dieu et le

corps du Christ sont également nécessaires à l'âme fidèle. Quand nous communions, nous assimilons ce pain supersubstantiel, il devient nôtre. Et en même temps, c'est le Christ qui nous assimile à sa propre vie, qui nous transforme de plus en plus en lui.

Dans cette assimilation par répétition, la parole de Dieu devient nôtre, entretient notre vie, alimente notre prière. Et en même temps, elle nous transforme, nous pétrit une âme de louange qui devient capable de parler la parole de Dieu comme une langue maternelle.

Et elle nous montera spontanément du cœur aux lèvres, et toujours plus riche, plus libre, plus variée, à mesure que nous entrerons plus avant dans le psautier.

Fécondité

Et progressivement se constitue ainsi un trésor personnel, inamissible, d'une valeur inestimable : ces quelques psaumes qui sont vraiment miens, qui jaillissent comme mon expression la plus spontanée, qui ne se distinguent plus de mon propre verbe intérieur.

O ma joie lorsque la liturgie ramène un psaume que je sais, que je peux prier de l'intérieur, au lieu d'être obligé d'aller chercher chaque mot dans un livre.

Et le bénéfice pour un groupe de prière ! La qualité de sa louange monte, à mesure que ses membres sont plus imprégnés de la parole de Dieu. Et le Saint-Esprit est d'autant plus libre d'agir que les instruments humains auront fait leur possible pour s'accorder à sa musique.

Et ce trésor, nul ne peut me l'arracher. En prison ou en déportation[4], en maladie ou en solitude, ou simplement si je suis privé de livre ou si j'ai oublié mes lunettes, la valeur du trésor décuple.

Et en vue du 3e ou du 4e âge... Nous n'aimons pas y penser. Mais nous connaissons tous de ces personnes âgées qui n'ont rien perdu de leurs capacités intellectuelles, mais que la paralysie ou la vieillesse prive peu à peu des possibilités de lire, d'entendre, de communiquer. Dans cette situation douloureuse, quel réconfort qu'un cher trésor de psaumes ! Une assurance-vieillesse précieuse.

Et la recette en est simple. Répéter. Répéter. Redire... Une activité si matérielle...

Un sacrifice de louange

La recette est simple... voire !
Il faut en mesurer tout le poids de sacrifice.

4. Bien des témoignages ont été apportés dans ce sens : cet officier anglais, résistant en France, qui a été mis des mois et des mois dans un isolement absolu, et qui déclare n'avoir tenu que parce qu'il savait par cœur un office, et il le disait intégralement, le matin en anglais et le soir en français. Et ces petites sœurs russes, qui ont été la providence de leurs codétenues, parce qu'elles savaient beaucoup de psaumes, et qu'elles les enseignaient autour d'elles dans la prison.

Sacrifice de temps ? Il faut sans doute prendre du temps pour louer. Mais, pour mémoriser, cela demande très peu de temps. Quand on commence un psaume, le temps de le dire à fond, de voir comment il est construit, en s'aidant peut-être des notes de la Bible ou d'un petit commentaire. Puis, pour des semaines, on n'a plus qu'à monter patiemment le mécanisme, dans une répétition têtue, fréquente, persévérante.

Et c'est là le sacrifice spirituel, la pointe du « sacrifice de louange » : remplacer notre constant bavardage intérieur, cet insipide monologue auquel nous tenons, par la Parole de Dieu.

Tous les temps vides, temps de transports, de menues besognes matérielles, d'attente, peuvent ainsi être remplis par le goutte à goutte des psaumes.

Et Dieu répond avec une générosité divine. Car, ce que nous sacrifions, même si cela nous coûte, c'est un objet sans valeur. Quand les enfants d'Israël sacrifiaient une belle génisse, elle faisait son poids et avait son prix. Tandis que nous, notre pauvre sacrifice, c'est notre bruissement ou notre bruitement de fond, ce moulinet de paroles vagues qui coule sans arrêt comme un robinet qu'on n'arrive pas à fermer...

Et Dieu vient le remplacer par sa Parole. Et l'âme peu à peu se remplit de louange, et elle est féconde par la Parole.

Et le centre de gravité lentement se déplace, une décantation s'opère, la prière remplit de plus en plus tout le champ de conscience. A force de répéter la louange avec les muscles de notre gorge, nous devenons des âmes de louange.

C'est la grâce que je vous souhaite.

9. La prière de demande

Dieu, source de tous les biens

Dieu est créateur. Le Tout-Puissant donne l'être ; et à chaque être, selon ce qu'il est, il donne une certaine participation à ses insondables richesses : la vie, une part de connaissance et d'attrait proportionnelle à chaque degré d'être ; au sommet : l'esprit, la lumière et l'amour... A ces créatures spirituelles, il se donne lui-même, dans la grâce et ensuite dans la gloire.

Dieu donne. Dieu, parce qu'il est l'amour, diffuse librement tous les biens.

Quand il crée, cela, si l'on ose dire, ne lui est pas difficile : il ne rencontre nul obstacle à ses largesses.

Mais ensuite, tout au long de notre existence,

quand il désire nous combler, il lui faut un art et une patience infinis avec nous : nous sommes souvent réfractaires aux dons les meilleurs ; ou nous les méconnaissons, ou nous nous en servons comme d'une parure pour notre vanité, comme d'un aliment pour notre orgueil.

Apprendre à demander

Et c'est pourquoi dans sa sagesse il a institué la prière de demande. Et il y revient souvent dans l'Évangile : demandez ! Demandez et vous recevrez. Qui cherche trouve... Demandez.

Quand les Apôtres interrogent le Christ : « Seigneur, apprends-nous à prier » (Lc 11, 1), il ne leur fait pas un traité sur la prière. Il leur apprend à demander : que demander et comment le demander. Il formule pour nous ces demandes qui constituent la prière parfaite de l'enfant du Père. Et il a ajouté que nous devions demander « en son Nom » (Jn 14, 13, 14 ; 15, 16).

Il arrive pourtant que la prière de demande soit parfois assez méprisée par les « spirituels », qui pensent que d'autres formes sont plus hautes, comme l'adoration, la louange, l'action de grâce. Au fait, beaucoup de gens ne connaissent de la demande qu'une forme fruste, proche même de certaines pratiques magiques ou infra-religieuses : on prie pour retrouver son sac à main, on fait dire des messes pour réussir à un examen... Sans doute il faut demander les biens matériels : Donne-nous aujourd'hui notre pain de ce jour — mais dans la mesure où ils sont nécessaires comme le pain, et dans la mesure où ils sont ordonnés aux biens essentiels.

Dès qu'une âme commence à s'approcher davantage du Seigneur, elle prend un peu plus conscience de la grandeur de Dieu et de la primauté du spirituel ; et il est bien qu'elle rejette, dans la mesure où elles sont impures et facilement égoïstes, les demandes intéressées, toujours accrochées à des objets matériels et immédiats.

Mais il serait regrettable qu'elle se mît du même coup à méconnaître la grandeur et la nécessité absolues de la prière de demande, celle qui vise les plus vrais biens : d'abord ce qui intéresse la gloire de Dieu, l'avancement du royaume, le rassemblement de tous les peuples et de toutes les nations dans le bercail de l'unique Pasteur, le retour du Seigneur... Et aussi les biens spirituels dont nous avons besoin actuellement, personnellement : toutes les grâces, les vertus, les lumières... C'est cela, demander au nom du Christ : c'est demander en lui, avec lui et par lui ce que lui-même demande au Père, pour toute l'Église et pour chacun de ses membres.

Mais ces biens, Dieu lui-même ne désire-t-il pas nous les donner ? Bien sûr, il veut nous les donner. Et c'est pourquoi il nous les fait demander.

Nous commençons ici à apercevoir la double fonction de la prière de demande : par elle d'abord nous reconnaissons que tous ces biens viennent de Dieu, et il y a là une valeur d'hommage irremplaçable. Et aussi la demande creuse en nous le chemin des biens que nous demandons : elle nous met dans l'attitude d'humilité qui laisse Dieu libre de nous combler à sa mesure divine.

Les paraboles

Il faut demander les biens spirituels avec persévérance, avec violence, comme Jacob qui lutte devant l'ange : « Je ne te quitterai pas que tu ne m'aies béni » (Gn 32, 27). Il faut fatiguer Dieu avec une insistance têtue, secouer la porte jusqu'à ce qu'elle cède.

C'est la leçon de ces admirables paraboles sur la prière, celle de l'ami importun qui demande trois pains (Lc 11, 5 s.) ; et celui qui repose dans sa maison, bien décidé à faire le sourd, finit par se lever : il lui donne ces pains, non parce qu'il est ému du besoin de l'autre, non parce qu'il est généreux, non parce que celui qui les demande est son ami, mais pour avoir la paix. Aussi bien le fâcheux a fait un tel vacarme que la maisonnée est maintenant réveillée. Et il y met tant d'insistance, on sent bien qu'il ne s'en ira pas, voilà ses trois pains et qu'il nous laisse tranquilles !

Et la parabole plus audacieuse encore du juge inique (Lc 18, 1s) — le Père qui nous aime comparé à un juge inique ! Il finit par faire droit à la veuve qui réclame son héritage, non parce qu'elle a raison, non parce qu'il est juste, non parce qu'il a pitié d'elle, mais parce qu'elle l'importune tant qu'il en est excédé.

Notre héritage

Savons-nous crier assez fort pour demander ce qui nous est plus nécessaire que le pain : la grâce, la foi et l'amour... ? Savons-nous importuner assez Dieu pour obtenir les biens qui font réellement partie de notre héritage ? Si nous sommes pour de bon des enfants adoptés, nous avons « droit », dans cette logique admirable de la grâce, à la totalité de l'héritage ; et il inclut tout ce qui constitue une vie chrétienne, tout ce qui nous rend capables de vivre en enfants de lumière, selon les Béatitudes et le sermon sur la montagne.

De même les biens du Royaume font partie de l'héritage de l'Église. Et nous devons les demander : que tous les hommes connaissent le Père et celui qu'il a envoyé, Jésus-Christ ; le rassemblement du peuple de Dieu ; l'unité des chrétiens et la paix du monde...

L'héritage dépend seulement du libre vouloir de Dieu. Mais nous pouvons le réclamer à grands cris puisque lui-même nous a adoptés. Savons-nous insister assez, implorer, supplier, sans jamais nous lasser (Lc 18, 1) ? Il faut y tenir autant que la veuve qui s'épuise en démarches. Il faut mendier comme les mendiants harcellent un touriste à l'apparence confortable. C'est une excellente oraison.

Quelquefois nous ne savons pas que dire ou que faire pendant notre oraison ? Mendions !

Comment ! Le Seigneur est en son paradis, avec tous ses bienheureux, dans le repos du huitième jour, et il nous laisse là, démunis de tous ces biens si nécessaires qui ne lui coûteraient rien ! Il faut insister, frapper encore et secouer la porte jusqu'à ce qu'il se décide enfin à nous faire l'aumône d'un peu de ce pain. Clamons sans trêve :

> Donne-moi l'humilité, donne-moi l'humilité, donne-moi l'humilité...

Ou :

> Donne-moi la foi... donne-moi la charité...

Et encore :

> Donne aux chrétiens l'unité...

Puis si nous sentons que nous sommes en train de faiblir :

> Donne-moi la persévérance dans la demande, donne-moi d'insister assez en face de toi...

La prière nous ouvre le cœur

Ces biens, Dieu désire nous les donner beaucoup plus que nous ne pouvons désirer les avoir, car il sait mieux que nous leur prix, et un peu de sa gloire est suspendue à la sainteté de ses enfants. S'il veut que nous les demandions, c'est qu'il n'y a pas de meilleure façon de nous rendre capables de les recevoir : la prière accroît l'intensité du désir ; elle ouvre en notre âme la capacité d'accueillir ; elle crée déjà en nous l'attitude qui correspond à ce que nous demandons :

Demander la charité de cette façon est du même coup accroître sa charité.

Demander la foi est déjà un acte de foi : on le sait bien lorsqu'on arrive à y décider un incroyant !

Et quel meilleur acte d'humilité que cette persévérance à mendier humblement l'humilité : c'est reconnaître que nous ne l'avons point et que Dieu seul peut l'opérer en nous.

De même le fait de supplier ensemble le Seigneur de réaliser parmi eux l'unité unit déjà les chrétiens dans et par cette supplication convergente.

A force d'avoir ainsi mendié, peut-être serons-nous enfin ouverts, et Dieu pourra sans trop de risques nous combler ; la demande humble et persévérante aura peut-être atténué nos réflexes de vanité ou d'orgueil ; l'insistance à mendier aura inscrit au plus profond de notre cœur la confiance que tous ces biens sont des dons gratuits de la liberté divine.

Un hommage au Tout-Puissant

Et du même coup la prière de demande ainsi conçue est un des meilleurs hommages que nous puissions rendre au Seigneur, à sa toute-puissance, à sa bonté, à sa paternité : elle affirme concrètement son absolu domaine sur tout être et sur tout bien.

Faite dans ces conditions, la prière de demande est vraiment cette prière « au nom du Christ » qui est toujours exaucée. Elle est nécessairement efficace. Et c'est pourquoi elle s'achève en action de grâces, dans la foi, puisque nous savons que nous avons reçu — selon le mouvement des psaumes qui entrelacent la supplication anxieuse et le remerciement de l'âme comblée.

Mais l'efficacité primordiale de la prière de demande est de nous apprendre profondément que tout est grâce.

10. Oraison et liturgie

L'objet de notre espérance finale est double.

Au terme, la résurrection. J'attends la résurrection des corps : comme chante le Credo de la messe. Nous attendons la Fin, le temps où le temps ne sera plus ; la Jérusalem nouvelle où nos corps ressuscités prendront part à la joie et à la gloire du Royaume dans la vie et la plénitude définitives. Ce temps de la Fin est déjà commencé depuis la résurrection du Christ, et la Sainte Vierge le vit actuellement dans son corps glorieux.

Mais avant la fin du monde où tout sera récapitulé et transformé, il y a notre fin à chacun de nous, la fin de notre vie présente. Et la foi nous assure que dès notre mort nous pouvons jouir de Dieu, sans attendre d'avoir retrouvé notre corps transmué : sitôt que notre âme est capable de trouver toute sa joie en Lui, elle est comblée de sa présence et de son amitié, elle est unie à son Seigneur, un même esprit avec Lui (1 Co 6, 17).

Un temps d'apprentissage

Notre temps de vie terrestre nous est donné pour nous ouvrir à ce bonheur, pour faire l'apprentissage de cette joie. Nous devons nous y efforcer à chaque instant dans tous les détails de notre existence.

Mais il y a des moments privilégiés où nous nous préparons d'une façon aussi directe que possible à la joie définitive; où nous l'inaugurons déjà, dans la nuit de la foi : la prière sous ses différentes formes, silencieuse ou vocale, individuelle ou collective, privée ou publique.

Si nous ramenons ces formes à leurs deux types extrêmes, l'oraison privée et la liturgie officielle, nous voyons qu'ils correspondent au double aspect de notre espérance.

Oraison et béatitude

Notre béatitude est d'essence spirituelle : connaître et aimer Dieu, qui est esprit, cela n'est possible qu'à un esprit.

Homme, rappelle-toi que tu es esprit. Ce n'est pas trop de consacrer dix minutes par jour à t'en souvenir, à t'y apprivoiser. Cet entraînement au spirituel, c'est la fonction de l'oraison, un temps où l'âme, dans l'amour et la foi pure, sans le medium du corps pourrait-on dire, essaie d'adhérer pleinement à son Seigneur, pour être un même esprit avec lui.

Si Monsieur le corps[1] n'y comprend rien et proteste, c'est normal : il ne peut comprendre, il ne peut pas s'associer ; une fois devenu glorieux, il sera tout à fait d'accord. Jusque-là, ce n'est pas la peine d'essayer de lui expliquer. Il faut simplement lui demander un instant de patience pour cette opération à quoi il ne peut rien saisir : la plongée de l'âme dans le spirituel.

On peut seulement obtenir de lui qu'il ne dérange pas trop l'âme fragile qui essaie de se ressouvenir qu'elle est esprit. Chut : qu'il veuille bien retenir son souffle, qu'il ne s'agite pas trop, qu'il n'occupe pas, avec tous ses besoins, ses impulsions et ses misères, la pauvre âme qui s'efforce à l'attention ; et qu'il n'essaie pas non plus, par excès de zèle, de se mêler maladroitement à ces opérations beaucoup trop subtiles pour lui : s'il prend trop de part à sa joie ou à sa tristesse, il risque de les alourdir par des manifestations sensibles. Non, il doit accepter que la meilleure façon de témoigner sa bonne volonté, c'est de se tenir coi.

Il faudra bien enfin qu'il se tienne coi pendant tout le temps que l'âme, délivrée de sa pesanteur,

1. Allusion au quatrain de Péguy : « Voici Monsieur le corps avec sa jeune dame. »

jouira de Dieu dans la lumière et l'amour ; en attendant l'appel de la dernière trompette, il subira le mystérieux travail de germination d'où il surgira transformé pour prendre sa part de la joie à la fin de ses jours.

Homme, souviens-toi que tu es poussière. Pendant que l'âme essaie de se ressouvenir qu'elle est esprit, qu'il se souvienne, lui, qu'il est terre et qu'en terre il retournera. Pourquoi l'oraison ne serait-elle pas pour lui un exercice où il s'entraînerait à être terre, à ne pas bouger et n'exprimer aucun besoin ?

Liturgie et résurrection

Patience, Monsieur le corps, ce n'est que pour un moment que l'on vous propose cet exercice dépourvu d'attrait qu'est l'entraînement à être « corps séparé ». Tout à l'heure nous irons à la grand'messe et à la procession et ce soir aux Vêpres.

Et là, Monsieur le corps pourra s'en donner à cœur joie, s'associer à l'âme dans la louange et le culte, inviter tous les sens à participer à la fête : chanter à pleine voix les psaumes, écouter la mélodie, remplir ses yeux de couleurs et de lumières, respirer l'encens, suivre le bel ordre des cérémonies.

Le culte public prépare et inaugure la Jérusalem nouvelle où toute la communauté des rachetés, vêtus de la beauté de leurs corps glorieux, se livreront à la louange dans une harmonie sans contrainte.

Par la sainte liturgie, le corps apprend, de très loin, comme il peut, les mœurs des corps glorieux. Par la louange collective, il apprend l'unité de la louange céleste. Par la contrainte de la cérémonie, il apprend quelque chose de la spontanéité tout harmonieuse qu'il aura quand il sera devenu ce corps que promet saint Paul.

Vous qui avez peine à prier à la messe depuis que ce nouveau curé a demandé à tous les fidèles des mouvements d'ensemble, comment ferez-vous dans la Jérusalem céleste? Il est vrai qu'il y a une petite différence: en ce temps-là (si l'on peut s'exprimer ainsi, car il n'y aura plus de temps) le corps sera si perméable au spirituel, si parfaitement souple, qu'il se modèlera sans effort sur les moindres désirs de l'âme, eux-mêmes si bellement ordonnés que la plus libre spontanéité de chacun s'accordera avec celle de tous dans la joie du festin, dans l'unité du Royaume, et l'âme animera si bien le corps que rien ne pourra lui être distraction ou gêne, ni effleurer tant soit peu l'intensité de son adhésion à Dieu.

La substance des choses qu'on espère

Nous n'en sommes pas encore là, et bien souvent notre âme n'est pas capable d'animer pleinement la prière ecclésiale et d'en faire sa prière personnelle: son attention est fragile et tout ce qui est extérieur risque plus ou moins de l'attirer hors de son centre.

Et c'est pourquoi beaucoup sentent le besoin d'approfondir leur prière personnelle, dans cette intériorisation qui est indispensable à une vie spirituelle. Pour compléter la prière liturgique et le culte public, ils ont recours à l'autre forme de prière, la prière solitaire et silencieuse. Par l'oraison, nous nous préparons — mais au prix d'une certaine mort, d'une certaine division, d'un certain dédoublement — au plus essentiel de notre béatitude qui est spirituelle : Homme souviens-toi que tu es esprit. La résurrection définitive, en nous dotant d'un admirable corps glorieux, merveilleusement accordé à l'âme, nous permettra enfin de faire jaillir une louange plus pleine dans l'unité parfaite au sein de la liturgie universelle.

C'est ainsi que, sur terre, oraison et liturgie se complètent indispensablement, nous donnent de vivre déjà, sous l'obscurité de la foi et à travers l'épaisseur de notre condition terrestre, la substance des choses que nous espérons.

11. Si vous ne devenez comme de petits enfants...

Un cas exceptionnel

Je me souviens (mais c'est un cas exceptionnel), de cette enfant de dix mois qui était si éveillée et si attentive dès qu'on parlait devant elle des choses de Dieu... Sa mère l'avait fait baptiser, mais était elle-même encore sur le chemin de la foi ; et dans les longues conversations que nous avions, la petite fille chérie suivait et buvait tout quand nous parlions de Dieu. Et je disais à sa maman : voyez comme elle comprend plus vite que vous ! Quand on parlait d'autre chose, elle n'avait pas la même attention, c'était seulement un bon bébé pareil aux autres. Je suis vraiment persuadée que, sans comprendre les mots, son intuition spirituelle, ouverte par les dons, rejoignait l'essentiel ; et que, dans cette situation de foi encore incomplète où se trouvait sa mère, l'enfant, mue par l'Esprit, était tout entière du côté de la plénitude de la vie.

J'ai hésité à raconter cette histoire, parce qu'elle fait hausser les épaules aux grandes personnes, et qu'elle les empêchera peut-être de lire la suite. Mais, si exceptionnelle qu'elle soit, pourtant elle est vraie.

Plus grande, à dix-huit mois, deux ans, trois ans, cette petite fille avait un goût extraordinaire de la prière ; la plus grande récompense était de l'emmener à l'église ; elle suppliait qu'on lui parle de Jésus, qu'on lui apprenne tout cela — et dans un milieu qui ne l'y entraînait certes pas. Sa présence a servi de ferment spirituel à ce foyer, aujourd'hui arrivé à la plénitude de la lumière.

L'oraison

Ces petits enfants mus par le Saint-Esprit ont souvent une facilité singulière pour l'oraison. C'est un âge privilégié pour cette intimité simple avec le Seigneur. Plus tard, en pleine activité scolaire, quand tout leur intérêt sera tourné vers le monde extérieur à découvrir et à transformer, ce sera une autre affaire : en général, il est plus difficile d'amener à l'oraison un enfant de dix ans qu'un adulte — et beaucoup plus facile, un enfant de six ans. Chez les petits baptisés, élevés dans des familles vraiment chrétiennes, je crois pouvoir affirmer qu'entre cinq et sept ans, la grande majorité des enfants sont capables d'oraison, l'aiment et s'y trouvent bien.

D'où vient que cette assertion étonne des parents ou des éducateurs, chrétiens pourtant, et attentifs aux enfants ?

D'abord, il peut arriver qu'en réalité les enfants s'adonnent à l'oraison sans en savoir le nom. Ils se disent : « Je vais me cacher derrière le grand rideau, pour penser un tout petit peu à Jésus. » Et les parents ne s'en doutent guère. Il n'est pas si rare de glaner des souvenirs de ce genre dans des confidences d'adultes, lorsqu'on essaie de les initier à l'oraison : « Au fond c'est déjà ce que je faisais quand j'avais sept ans : je grimpais tout en haut du grand cèdre, pour avoir la paix, et être plus près de Jésus ; et je restais longtemps là-haut, simplement contente d'être près de lui... »

Mais en fait, beaucoup ne font pas oraison. Il y en a sans doute qui y seraient réfractaires, mais le plus souvent, c'est la faute des grandes personnes. Cette vieille dame me racontait : « Lorsque j'étais petite, j'aurais passé des heures à la chapelle, avec Notre Seigneur. Et toujours la maîtresse me pourchassait : « Ne reste pas comme cela sans rien faire, il ne faut pas flâner à l'église, ce n'est pas poli pour le Bon Dieu *(sic)*. » Et elle concluait un peu tristement : « Si on m'avait laissé faire, il y aurait peut-être eu moins de bêtises dans ma vie, et je n'aurais pas tant de difficultés maintenant à me mettre à l'oraison... »

Sans aller jusqu'à ce cas limite, si on vous demandait d'aider une petite fille de six ans à faire une retraite pour préparer sa première communion, ne commenceriez-vous pas par chercher à quoi vous allez l'*occuper* ?

En général, c'est le principal souci. On pense d'abord à lui faire revoir son catéchisme, c'est bien ; puis on fait provision d'histoires, de découpages, de coloriages, toute une accumulation de distractions pieuses... et au moment où elle devra prier, on lui soufflera des prières — là encore, on s'efforcera de meubler le temps. Et toutes les possibilités d'oraison, de silence, d'intimité, qui existent certainement dans cette âme, resteront latentes, enfouies jusqu'à l'âge adulte.

Même lorsqu'un enfant a conscience de ces possibilités, et désire la prière silencieuse, très souvent elle est impraticable pour lui. Une bonne élève avait été mise en pension dans un couvent. A dix ans, elle faisait oraison, sans en connaître le nom, depuis quatre ans déjà. L'horaire du pensionnat comportait beaucoup d'exercices de piété, et sa maman craignait qu'elle ne fût un peu saturée. Et pourtant, en venant me voir, la petite me dit : « Je suis contente de venir ici pour prier. — Comment, en pension, tu ne pries pas ? — Oh ! non ! là-bas, on fait seulement des prières. » Le mot était dit gentiment, sans l'ironie qu'y aurait mise un adulte ; elle aimait d'ailleurs la plupart de ces prières, bien adaptées à des élèves de cet âge, se servait volontiers des invocations, etc. Mais rien de tout cela ne pouvait suppléer à cette prière silencieuse dont elle connaissait le goût et qui était pour elle, purement et simplement, « prier ».

Que certains procédés un peu sommaires soient inévitables lorsqu'on a la charge d'une classe nombreuse, de toute une troupe d'enfants qu'il faut mener ensemble, c'est évident. Mais dans une famille chrétienne, mais dans chaque cas où l'on a la possibilité de s'occuper personnellement de chacun de ces petits, il faudrait être attentif à ne pas éteindre l'Esprit (1 Th 5, 19).

Il n'est pas en notre pouvoir de donner à un enfant le goût et l'attrait de l'oraison. Mais — même s'il nous paraît un petit étourdi — commençons toujours par penser que cette virtualité peut exister en lui et faisons attention à n'y pas mettre d'obstacles, et à aider son épanouissement, en favorisant la liberté, la docilité aux impulsions divines.

Laissez venir à moi...

Que faut-il pour cela ? La première condition est de se défaire d'un certain rationalisme, et de croire en vérité à la grâce du baptême et de l'intimité divine chez les petits enfants. Et puis, il faut avoir soi-même une âme toute remplie d'oraison.

Alors, on sentira spontanément qu'au lieu de chercher à « occuper » le plus possible l'enfant pendant une retraite, pendant le temps de la prière, il faut au contraire le désoccuper, l'aider à découvrir la valeur du silence, de la présence, de l'offrande, de la foi.

Les petits enfants comprennent si bien cela, dès qu'on le leur explique avec des mots à eux :

« ... Quand quelqu'un te fait cadeau d'une boîte de chocolats, tu lui offres tout de suite un chocolat pour le remercier. Le Bon Dieu nous donne tous les jours, toute notre journée et toute notre nuit ; il faut lui offrir tous les jours un petit moment de notre temps, où on ne fait rien d'autre que de penser à lui et de rester près de lui. »

« ... Quand on n'a rien à dire à Jésus, on est un peu comme l'âne de la crèche. Il ne pouvait pas parler puisqu'il était un âne. Mais il était si ravi de regarder l'Enfant Jésus qu'il n'aurait pas voulu s'en aller. »

« Te souviens-tu, quand ton papa est rentré après ce long voyage, tu es restée assise tout près de lui, si contente de le revoir que tu ne disais rien ? On peut aussi être si contente d'être près de Jésus qu'on n'a pas besoin de parler. »

« ... C'est vrai que quelquefois on s'ennuie un peu quand on veut prier. Mais cela n'a pas d'importance. Ça prouve seulement qu'on est bête de s'ennuyer quand Jésus est là. Il ne faut surtout pas s'en aller, mais simplement lui demander pardon d'être si bête, et rester près de lui parce qu'on l'aime. Et puis, on peut toujours lui dire qu'on l'aime, et le répéter, tout doucement, tout bas... »

« Quand ton papa a un travail difficile, il te dit : « Ne fais pas de bruit pour que je puisse travailler. » C'est pareil dans ton cœur ; quand tu fais du bruit, quand tu parles ou quand tu penses à autre chose, tu gênes le Bon Dieu qui veut te donner sa grâce. »

Spontanéité et liberté

Il faut laisser l'enfant à sa spontanéité, ne pas s'étonner si parfois sa prière ressemble à celle du jongleur de Notre-Dame. Cette grande fille, intelligente et affectueuse, mais gravement handicapée par une extrême instabilité, était restée un quart d'heure à la chapelle ! « Voilà comment j'ai fait : il n'y avait personne, je me suis assise et agenouillée à toutes les places l'une après l'autre pour dire à Jésus que je l'aimais de toutes les places ! Et comme cela j'ai prié très longtemps. »

Il vaut mieux ne pas fixer d'avance la durée, mais laisser l'enfant libre de finir quand il lui plaît. Si nous en avons la possibilité, préparons-le doucement à l'oraison, en créant une atmosphère de recueillement et de désir. Mais ensuite, sachons nous effacer.

Peut-être aujourd'hui deux minutes représenteront le maximum dont il est capable. Ne faisons pas de réflexion, n'insistons pas. Peut-être aurons-nous une surprise dans l'autre sens. Je pense à ce petit garçon de sept ans, vif-argent ; sa mère affirmait qu'il lui était impossible de fixer son attention plus de trente secondes. Nous allons ensemble à la chapelle, à petits pas, en parlant du Bon Dieu et de son amour et de sa grâce ; en entrant, je lui dis : « Tu n'as qu'à me toucher le bras dès que tu voudras partir. » Je pensais qu'au bout des trente secondes annoncées, mon bonhomme allait s'agiter. Non. Le temps passait et il était toujours plongé dans un recueillement profond. Vingt minutes plus tard, c'est moi qui, appelée par un devoir urgent, ai dû, la première, avec quel regret, donner le signal du départ.

L'oraison est par excellence chose strictement personnelle. Il est souhaitable que dans un milieu chrétien tout la favorise, mais il ne s'agit pas de l'imposer, encore moins de la contrôler. Évitons de poser trop de questions, sachons protéger le secret de l'enfant, le mystère de l'intimité. Respectons profondément l'âme de l'enfant et l'œuvre du Saint-Esprit en lui. En face d'un enfant qui a ainsi une vie de prière personnelle, demandons au Seigneur de nous donner un tact spirituel affiné : comme tout enfant, celui-ci a besoin d'être encouragé, guidé, soutenu ; mais ce domaine où il est mené par le Saint-Esprit ne nous appartient pas. L'oraison développe la personnalité surnaturelle et aiguise le sens de l'inviolabilité de la conscience.

Les grandes vérités du salut

Elle exige aussi une nourriture substantielle : quand nous parlons des choses de Dieu à ce petit enfant, n'en restons pas au plan des historiettes ; il est bon, sans doute, qu'il connaisse les enfances des saints, des traits touchants et facilement imitables. Mais bien souvent, il sera beaucoup plus avide de l'essentiel, des grandes vérités du salut. Et cela l'aidera davantage à se plonger en Dieu.

En particulier j'ai souvent été frappée de la joie avec laquelle les enfants abordent les mystères du Rosaire, et de leur facilité à prier ainsi.

Je me souviens de cette petite fille de six ans qui éprouvait un tel bonheur à redire à la Sainte Vierge les mots mêmes de l'Ange, qu'elle ne se lassait pas d'égrener une dizaine après l'autre. Nous nous promenions à travers le jardin, avec des pauses pour l'explication des principaux mystères, et elle repartait : « Vous voulez bien qu'on continue ? » Et son éblouissement quand elle a réalisé que Marie était vraiment la Mère de Dieu...

Et ce garçon qui allait faire sa première communion le jour de l'Ascension. La veille au soir il me demande de réciter, plutôt que celui de l'Ascension, le mystère de l'Incarnation, pour mieux se préparer à l'Eucharistie...

Sûreté de l'analogie de la foi, intuition théologique profonde, capacité des petits enfants à s'émerveiller infiniment des mystères essentiels...

Oui, les petits enfants, s'ils ne conceptualisent pas, comprennent beaucoup plus de choses que les adultes ne croient ; il faut surtout faire attention — car leur vocabulaire est restreint — à n'employer que des mots qu'ils connaissent. Et alors ils comprennent très bien et leur intuition des choses de Dieu va infiniment plus loin que les mots. Et ils mettent en pratique avec une générosité qui nous confond.

Elle avait bien compris, cette petite fille de six ans qui était restée plus de deux heures de suite à la chapelle. (Ici la durée est exceptionnelle ; les petits enfants ont généralement un peu plus de capacité d'oraison que les adultes, mais rarement dans ces proportions.) « Tu as prié tout le temps ? — J'ai commencé par dire ma prière. Et puis quand j'ai eu fini, je me suis tue pour laisser le Bon Dieu travailler dans mon cœur. »

Et celui-là — il venait d'avoir six ans — était resté une demi-heure assis devant le Saint Sacrement, en balançant très fort les jambes. En sortant, il avoua : « J'avais bien envie d'aller me promener, mais je suis resté près de lui pour lui faire plaisir. »

Et cette autre, cinq ans et demi, me disait : « Expliquez-moi le Saint-Esprit. » Comment trouver des mots assez purs pour parler du Saint-Esprit à cette âme limpide ? — J'ai essayé de lui dire les mots mêmes dictés par le Saint-Esprit, le texte de saint Paul :

> Dieu le Père a mis en nous l'Esprit de son Fils qui dit Père (Ga 4, 4).

Il n'y a là aucun mot qu'elle ne puisse comprendre, j'ai seulement supprimé *abba*, le terme araméen. Après un instant de réflexion, elle dit : « C'est beau. » Puis, après un long moment de silence : « Encore. » Et je repris : « Dieu le Père... » Plusieurs fois elle recommença, avec l'admirable sérieux des petits enfants : « Encore. » Si je voulais changer ou expliquer, elle interrompait : « Encore la même chose. » Et je redisais le même texte dont elle ne se lassait pas.

Le soir, elle prolongea son oraison : « J'écoutais — pas avec mes oreilles, mais dans mon cœur — l'Esprit du Fils qui en moi dit Père. »

En vérité, les petits enfants ne sont-ils pas nos maîtres en fait d'oraison [1] ?

1. Quand on raconte une histoire aux petits enfants, ils demandent toujours si c'est une histoire vraie. Pour ceux des lecteurs qui auraient la même curiosité, je puis garantir que toutes ces histoires sont authentiques. J'ajouterai que — sauf deux cas dont j'ai signalé au passage le caractère d'exception — il ne s'agit pas du tout d'enfants extraordinaires. Certains dont j'ai parlé sont très doués, d'autres moins, ou même en grave retard scolaire. Il n'y a pas de corrélation, heureusement, entre les dons naturels et ceux du Saint-Esprit.

12. Élie et nous

Parmi tous les hommes de Dieu qui figurent dans la Bible, beaucoup sont pour nous de simples silhouettes, effacés derrière le message qu'ils ont à délivrer.

Mais pour certains d'entre eux, pour les plus grands, il nous est donné de les approcher et de les connaître mieux ; et nous pouvons deviner un peu leur vie profonde à travers la geste d'une histoire parfois haute en couleurs, et percevoir, par-delà leur charisme ou leur mission, leur personnalité propre, leur grâce unique, leur identité.

Révélation de l'intimité divine

A une époque très rude encore, Élie a été chargé de missions redoutables : il déclenche une terrible sécheresse, il fait tomber la foudre, il égorge les prêtres de Baal, il doit « prononcer des arrêts de vengeance » — mais il semble bien que l'essentiel de son message soit ailleurs : dans une révélation d'ordre spirituel, cette découverte de l'intimité divine que le prophète a connue à l'Horeb (1 R 19, 1-18) : Yahvé n'est pas dans les manifestations violentes, dans le feu ou dans l'ouragan, mais il révèle sa présence dans ce souffle impalpable qui exprime, autant qu'un symbole peut le faire, la spiritualité de Dieu et sa douceur.

Nous voudrions essayer, avec une âme de disciple, de nous approcher du secret de la vie intime d'Élie[1]. Son histoire nous montre quelle condescendance il a pour les disciples qui tiennent à le suivre, même lorsqu'il préférerait être seul (2 R 2, 2, 4, 6). Et ici c'est le grand solitaire lui-même qui nous y invite, puisqu'il nous a livré son expérience la plus intense et la plus haute, cette nuit dans l'altitude, au creux du rocher, où Dieu a ouvert à son prophète, et par lui à tout son peuple, une lumière nouvelle.

A Moïse, en ce lieu même, il avait révélé son Nom, le Nom qui dit quelque chose de sa nature. Puis il avait accordé l'Alliance à son peuple, il lui avait donné la Loi au sein de ce formidable orage

1. Heureux ceux qui ont été honorés de ton amitié (Si 48, 11).

Je suis ici la Vulgate : *Beati qui... in amicitia tua decorati sunt*. Le texte grec est incertain, mais son sens n'est probablement pas celui que donne ici le latin.

de montagne qui devait graver à jamais dans l'âme du peuple la crainte de son Dieu, de ce Dieu dont la transcendance se manifeste par cet environnement terrifiant de tonnerre et d'éclairs.

A Élie est accordée dans une rencontre vivante une révélation complémentaire sur l'être de Dieu : il est non seulement le Très-Haut, le Tout-Puissant, celui dont le passage fait trembler les assises de la terre, celui qui touche les montagnes et elles fument — mais le Dieu présent dans cette intimité qui est le propre de l'esprit. La plénitude de la révélation seule nous dira jusqu'où va cette intériorité : dans la Sainte Trinité c'est la circumincession, le Fils éternellement dans le sein du Père, l'immanence des trois Personnes si complète qu'elles sont un seul être ; et leur présence, leur demeure en nous, sur laquelle s'achève avec saint Jean la communication des secrets de Dieu.

Pour nous, nous sommes isolés par nos corps opaques, impénétrables, nous ne pouvons échanger du spirituel qu'avec des paroles. Heureusement que parfois l'échange va plus loin, quand l'amitié atteint au niveau du silence. « Heureux deux amis qui s'aiment assez pour savoir se taire ensemble », disait Péguy. Mais quelle extériorité, quelle impénétrabilité trop réelle fait encore écran !

Dieu est en moi, plus intime en moi que moi-même, plus proche et sans cesse présent. « Dieu est ici, et je ne le savais pas ! » (Gn 29, 16). Tout notre effort doit être de le savoir le plus souvent possible, d'être, nous aussi, présents à Dieu.

Le mot même par lequel Élie déclare qu'il sert le Dieu vivant est éclairant sur ce point. Il dit :

> en face de qui je me tiens (1 R 17, 1 ; 18, 15)

Sans doute, l'expression hébraïque est courante pour exprimer le service, et s'emploie souvent de serviteurs, en un sens banal — mais il n'est pas indifférent que ce soit ce mot-là qu'ait choisi Élie[2]. On touche ici l'infirmité de toute traduction, qui ne peut à la fois donner le sens normal d'une expression : « que je sers », et sa saveur, son sens originel, dont la coloration affleure sous l'usure sémantique : « en face de qui je me tiens ». Si Élie veut déclarer qu'il sert le Dieu

2. L'expression « se tenir devant » se trouve environ quatre-vingts fois dans la Bible hébraïque. Une fois sur deux, elle a son sens propre : se tenir devant, se présenter —, d'où le sens cultuel (une quinzaine de fois) attribué aux prêtres, aux lévites, qui se tiennent devant, devant l'autel, devant Yahvé, pour faire le service du culte. « Se tenir devant » a parfois le sens de tenir contre, résister, d'où cette signification très intéressante au point de vue religieux de l'intercession : Moïse « se tint sur la brèche devant la face de Yahvé » (Ps 106, 23 ; cf. Jr 18, 20).
Elle prend (une douzaine de fois) le sens particulier de servir un roi, un maître. Élie l'emploie dans cette acception de servir, mais en l'appliquant au service de Dieu ; et, dans ce sens précis, où il ne s'agit manifestement ni de culte, ni d'intercession, cela ne se trouve guère que dans sa bouche (1 R 17, 1 ; 18, 15) et celle de son disciple Élisée (2 R 3, 14 ; 5, 16), qui l'a apprise de lui (cf. aussi Jr 15, 19). Elle n'est donc pas si banale dans ce sens, il y a là quelque chose de propre à Élie.

vivant, il ne nous est pas indifférent de constater que, parmi tant de façons possibles, il ait préféré l'exprimer en disant simplement qu'il « se tient en face » de lui.

Dieu n'a pas besoin de nos services, ni de ceux d'un Élie. Il peut certes faire tomber la foudre sans nous, et s'il avait besoin de quelque chose, n'a-t-il pas aussitôt douze légions d'anges ? Le seul service qu'il attende de nous, c'est l'attention, la présence : que « nous nous tenions devant lui ». La révélation s'épanouissant aura ce mot étonnant, qu'il a « mis ses délices à être avec les enfants des hommes » (Pr 8, 31). Pourquoi ne chercherions-nous pas à lui offrir un peu plus souvent cette joie d'être avec lui ? Si le Seigneur nous fait la grâce de nous faire percevoir cette présence, c'est une grâce. Mais s'il ne le fait pas, il n'en est pas moins présent maintenant, et maintenant encore, et tout notre effort doit être de rendre sans cesse vivante, actuelle, notre foi en cette présence, par laquelle la créature intelligente retrouve son centre de gravité ontologique, et l'enfant de Dieu, l'intimité avec le Père.

Mais cette présence est un souffle silencieux, si imperceptible que n'importe quel bruit le couvre, et il faut que l'âme ait appris à le discerner de tout ce qui n'est pas lui.

Le désert

C'est pourquoi Élie a dû d'abord traverser le désert.

Avez-vous remarqué le goût de Dieu pour le désert, tout au long de la Bible ?

C'est que le désert est aride, pur et dur, vide, dépouillant. Il est indispensable de passer par là pour une spiritualisation, pour des communications plus hautes. Le pays sans chemin est le seul chemin pour arriver à l'Horeb.

En abordant le désert, Élie laisse son serviteur. On ne peut être que seul pour passer par les grandes expériences. Plus la touche, douleur ou joie, est profonde, et plus elle isole. Et cette solitude est nécessaire à la purification elle-même — si nécessaire que, lorsqu'il n'a pas un désert sous la main pour vous y mettre, Dieu le crée exprès pour vous : il lui suffit de couper les communications autour de l'âme qu'il veut purifier. Alors, même au sein d'une famille, d'une communauté religieuse, d'une bonne équipe fraternelle, elle peut être d'autant plus isolée qu'elle paraît plus entourée. Il faut qu'elle soit seule. Pour Jacob déjà, la rencontre mystérieuse avec Yahvé n'eut lieu qu'une fois tout le camp passé de l'autre côté du torrent, femmes, enfants, troupeaux et bagages. Et Jacob resta seul (Gn 32, 25). La lutte va commencer.

Pour Élie aussi, dès la première journée de chemin, voici la grande épreuve : tentation de lassitude et de découragement.

> Il souhaita de mourir et dit : « C'en est assez maintenant, ô Yahvé. Prends ma vie, car je ne suis pas meilleur que mes pères. » Il se coucha et s'endormit.

Il y a juste vingt-quatre heures depuis le triomphe qui lui donnait des ailes sur la route de Yizréel. Hier, hier seulement, c'était l'éclatante victoire du yahvisme au Carmel. La foudre dévorait l'holocauste, tout le peuple criait d'une seule voix : « C'est Yahvé qui est Dieu », cette engeance des prophètes de Baal était exterminée... (1 R 18). Il avait cru tenir la revanche définitive de Yahvé et l'établissement de son culte à jamais sur la terre de son héritage...

Il a suffi de la méchanceté d'une femme — « il n'est pire colère que la colère d'une femme[3] » — pour faire échouer le redressement plein d'espoir. Demain, les prêtres de Baal pulluleront de nouveau. Le peuple versatile les suivra. Et Élie a dû fuir. Ce n'est pas « un châtiment », comme le suppose saint Jean Chrysostome, ni une « défaillance humaine » : le Seigneur lui-même recommandera : « Quand on vous persécutera dans une ville, fuyez dans une autre » (Mt 10, 23). La bravade ni la témérité ne sont louables. Élie devait s'enfuir, dans l'intérêt même du yahvisme dont il est le dernier fidèle. Mais il en sent plus fortement l'humiliation, après la glorieuse journée du Carmel.

3. Si 25, 15. Toute la vie de Jézabel illustre ce proverbe : 1 R 18, 13 ; 19, 1-2, 5-16, etc.

Et il est seul. L'immense solitude du désert qui l'entoure n'est qu'une image de son isolement dans sa foi. Tout son zèle a été impuissant. Il connaît là ce profond sentiment d'échec qui habite si souvent le cœur de l'homme. Les plus beaux triomphes ne « réussissent » pas. Et même c'est peut-être là que nous trouvons la connaissance la plus aiguë de notre misère intérieure. Serait-on l'instrument de miracles prodigieux, cela ne change pas le vieil homme. Les miracles ne sont pas, ne font pas la sainteté. S'il plaît à Dieu de se servir de nous pour des œuvres extérieures — sans parler de miracles, mais par exemple l'apostolat, la prédication — nous nous retrouvons avec tout le poids de ce que nous sommes, avec la disproportion sentie plus grande entre ce qui est de Dieu et ce qui est de nous.

C'est l'aveu émouvant du saint :

> Je ne vaux pas mieux que mes pères

auquel saint Jacques fait écho :

> Élie n'était qu'un homme, soumis aux mêmes misères que nous[4].

Le rude Tishbite vêtu de poils de chameau, que nous avons toujours tendance à dresser hiératique, lointain, sur les sommets où s'enfante l'éclair, est

4. Jc 5, 27. Pour avoir écrit ce mot, saint Jacques devrait bien être le patron de l'hagiographie !

là si pareil à nous, si proche de l'expérience de notre misère... Yahvé l'avait fixé sur de fortes montagnes; et lui disait, dans sa sécurité: « Jamais rien ne m'ébranlera! » Que Dieu cache sa face et le voilà perdu (Ps 30, 7-8). La sobriété du récit nous laisse pressentir que dans le désert Élie a connu la grande purification de la foi, a passé par la ténèbre mystique: « C'en est assez maintenant, ô Yahvé! Prends ma vie. » Il est épuisé, car « le combat spirituel est aussi brutal que la bataille d'hommes ».

> Accablé, il s'endort. Mais voici qu'un ange lui apparaît pour le réconforter.

Il lui apporte la nourriture merveilleuse qui donne la force de franchir les plus dures étapes. « L'homme est nourri du pain des anges », comme chantera le Livre de la Sagesse. Élie peut repartir.

La terre sans chemin

En quelques foulées, il va être au but... Non. Pas encore. L'épreuve doit durer « quarante jours et quarante nuits ». Une âme ne se décante que lentement. Après le triomphe, après la détresse, après le réconfort, il lui faut rester longtemps dans ce désert, un des plus sévères du globe. Rien ne peut remplacer l'épreuve du temps. Il faut que l'âme apprenne à durer devant son Dieu, à tenir dans la foi et la nuit. La longue oraison est par excellence la voie par laquelle Dieu mène à la haute oraison. Dans ce vide, ce « pays imprenable en photo », sans rien qui suscite l'intérêt, l'âme est purifiée par l'ennui. C'est un mot qu'on a parfois peur de prononcer, comme si l'ennui n'avait pas une valeur de purification de premier ordre. « Où est l'homme qui sait s'ennuyer ? Celui qui, lorsqu'il ne peut échapper à l'ennui par en haut, refuse de le fuir par en bas ? Nulle épreuve ne peut rien contre cet homme. La nuit des saints, c'est l'ennui pâti sans déchéance » (Thibon).

Et s'il y avait seulement le vide et l'ennui ! Mais le désert est une terre sans chemin. Loin des sentiers des hommes, hors de toute voie tracée, il faut apprendre à être conduit directement par Dieu, par ses voies qui ne sont pas les nôtres, qui nous paraissent souvent beaucoup plus longues que les nôtres. « Par tes chemins à toi[5]... » Lui seul sait de quels chemins de fourmis nous avons besoin pour arriver au but que lui seul connaît.

Et l'attente, la monotonie, la dureté du désert ont une valeur éducative irremplaçable : elles aiguisent en nous le désir, éveillent nos sens spirituels. En acceptant, à l'exemple du prophète,

5. C'est la conclusion du *Panis angelicus* de saint Thomas d'Aquin :

Per tuas semitas
Duc nos quo tendimus
Ad lucem quam inhabitas.

Par les chemins de ton choix,
conduis-nous au terme vers lequel nous tendons :
à la lumière que tu habites.

cette marche indéfinie dans une terre déserte, sans chemin et sans eau, l'âme s'assouplit et apprend les voies de Dieu. C'est ainsi qu'Élie a acquis ce discernement qui lui permettra de savoir au premier instant, devant les phénomènes les plus impressionnants, que « Yahvé n'est pas là » ; les yeux s'habituent à l'obscurité, l'oreille s'affine dans le silence, et devient capable d'ouïr les murmures les plus légers.

Le silence

Toutes les sévérités du désert ne sont que pour amener l'âme à ce silence qui est la condition même de toute vie spirituelle. Nous ne pouvons pas, comme Élie ou plus tard les ermites, aller au désert, nous ne pouvons peut-être pas consacrer un temps considérable à l'oraison, mais tous nous pouvons tendre au silence intérieur. On se plaint souvent de manquer de temps pour approfondir sa vie spirituelle. Ici, il n'y a pas besoin d'être particulièrement doué, ni d'avoir du temps. C'est possible même dans la vie la plus engagée, happée par une activité contraignante. Si le téléphone sonne et interrompt un travail, l'instant d'aller répondre suffit pour reprendre conscience de l'intimité du Dieu toujours présent, y retrouver la force de vivre, et de parler, et d'être tout à celui qui appelle. Nos journées sont riches de ces temps vides, où nous dépensons distraitement, à toute fin, en vulgaire monnaie de pas, ce que nous pourrions transmuer en or pur sous le regard de l'attention.

Nous devons essayer de garder précieusement cette zone de silence intact, ce sommet de pure solitude, qui nous permet de

> nous tenir en face du Dieu vivant,

ce qui est, saint Élie nous l'a appris, la manière même de le servir.

C'est en cette profondeur de silence que l'on peut être attentif au souffle imperceptible. Le visage voilé, dans la nuit de la foi, l'âme décantée par le silence reconnaît, sans aucun bruit de paroles, la présence secrète en elle de son Dieu.

Père des contemplatifs

Et ce n'est pas une voie qui nous isole, nous sépare. Tout de suite après l'expérience ineffable, le prophète reçoit l'ordre de

> retourner par le même chemin (1 R 19, 15).

Son devoir d'état l'appelle, plus dur que par le passé, à une redoutable mission de châtiment. Dieu le renvoie à sa tâche humaine, à son rôle de prophète. Mais il emporte en lui, à jamais inviolé, le silence de l'Horeb, de cette haute montagne où s'est inaugurée en sa faveur une des formes les plus spirituelles de l'intimité divine.

C'est pourquoi Élie est le père des contemplatifs, et un grand ordre contemplatif vit de son esprit. Mais sont contemplatifs aussi parfois sans le savoir, tous ceux qui, plus ou moins obscurément, ont soif de cette intimité, tous ceux qui, si faiblement que ce soit, en ont pris conscience et essaient d'y être attentifs dans le silence. Cette nuit vécue par le prophète au sommet de l'Horeb, c'est un commencement dans la révélation du silence. Aussi tous les contemplatifs, jusqu'à la fin des temps, vivront dans le sillage d'Élie.

13. Marie, mère du silence

Conception immaculée :
Création jaillissant dans une splendeur neuve.
Intégrité merveilleuse. Grâce d'une telle plénitude
qu'elle emplit l'âme d'une profondeur insondable
de silence.

Silence de neige.
Marie se tait jusqu'au fond d'elle-même.
Toute vallée est comblée, toute colline a disparu
sous l'immensité du silence,
neige inviolée.

Aucune tache, aucune ride,
miroir sans faille de la beauté du Créateur,
nulle ombre de pas, nulle trace de bruit,
extase de l'inconnaissance de soi,
ô pureté.

Fontaine scellée.
Silence qui rejoint les frontières du divin,
suprême don qui dans la créature approche l'incréé,
image parfaite du secret éternel du Père,
virginité.

Transparence ineffable
où vibre tout appel. Attention limpide
aux prières sans nombre qui se pressent vers elle.
Toutes sont prises dans le mystère de ce silence,
et le Père les agrée.

O Vierge, montrez-vous mère,
Prenez de votre bien pour nous faire largesse :
une participation à votre pur silence.
Recouvrez notre bruit de cette neige intacte,
inlassablement.

Sitôt qu'une pensée vaine y laisse une souillure
ô très chaste, vêtez-nous de votre candeur,
don chaque fois nouveau, naissance immaculée.
Mère, pénétrez-moi toujours plus de silence,
Jusqu'à ma mesure éternelle.

Le silence

Quand on n'a jamais essayé, on croit que c'est facile, et qu'il suffit de le vouloir pour établir en soi le silence. Mais dès qu'on essaye en vérité, on voit combien c'est difficile, combien c'est une des choses dont nous sommes le moins capables, et sur lesquelles notre volonté a le moins de pouvoir.

Lorsqu'une âme a découvert la Présence, l'intimité, la vie d'oraison, elle ne désire que se tenir humblement en face de son Seigneur dans le vide et la plénitude du silence. Elle a compris, elle a connu intérieurement que Dieu existe, qu'il est présent en elle, et qu'il l'aime. Elle n'a plus qu'une soif, se plonger en ce silence qui répond à la Présence, demeurer en cette attention et ce regard simple où se résume la contemplation. Et elle tente d'instaurer en soi le silence.

Alors, à part peut-être de brèves périodes de grâce — elle éprouve douloureusement son impuissance à éliminer le bruit. Si ferme que soit son vouloir, elle se surprend sans cesse en flagrant délit de bavardage intérieur, de curiosité, de dispersion. Le bruit suinte en elle de mille fissures imperceptibles. Labeur épuisant et vain de les colmater l'une après l'autre, elles se rouvrent toujours sous la poussée du ressac inépuisable.

La seule ressource qui lui reste (comme toujours au plan surnaturel) — après avoir pris certaines mesures qui peuvent s'indiquer : préparation de l'oraison, recours aussi à des techniques psychologiques qui permettent d'être mieux maître chez soi — c'est de demander ce qu'elle ne peut acquérir ; d'obtenir à force de supplications et d'humilité ce qu'elle ne peut réaliser elle-même. Du fond de la misère et de l'impuissance, implorer, mendier le don royal du silence.

> Elle lève les yeux vers les montagnes.
> D'où lui viendra le secours ? (Ps 121, 1).

Je suis l'Immaculée Conception

L'Église, guidée par l'Esprit, a pris de plus en plus clairement conscience de l'éblouissant privilège, et Marie elle-même l'a confirmé à Bernadette.

Du trésor ancien, des choses nouvelles ont été tirées, mises en valeur comme jamais, offertes dans toute leur splendeur à notre foi, à notre amour, et à notre contemplation : la merveille de cette créature intacte en tout son être, qui à aucun instant n'a été effleurée par un péché ni un refus.

Et nous cherchons à pénétrer le mystère de Marie. Nous nous demandons comment pouvait se traduire en elle, au plan de la conscience psychologique, la grâce si extraordinaire d'une intégrité absolue. Connaissance de cette perfection unique ? Rien ne le donne à penser.

Que nous a-t-elle livré d'elle-même ? Nous scrutons les textes si rares de l'Évangile. Que suggèrent-ils du secret de Marie ? Voici la servante. Mon âme magnifie le Seigneur. Elle gardait tout dans son cœur. Mon Fils, nous te cherchions tout affligés. Ils n'ont plus de vin. Faites tout ce qu'il vous dira. Un mystère d'humilité, de simplicité, d'effacement. Marie vivait de foi, infiniment plus que nous. Il n'est certes pas nécessaire de supposer une révélation spéciale qui l'avertisse de sa préservation miraculeuse : ce serait plutôt contraire à la ligne si pure de cette vie de foi.

Mais comment, dans sa vie quotidienne, dans le cours de son travail, de ses tâches ménagères, comment s'exprimait au plus intime d'elle-même cette perfection merveilleuse ? Le premier fruit devait en être le silence. Si, pour nous, il est si difficile, c'est à cause de toutes ces fissures, de toutes ces fêlures que notre héritage de péché a laissées en nous, et que nous-mêmes avons aggravées comme à plaisir : nous ne pouvons empêcher les distractions de sourdre, elles viennent de partout.

Marie est vierge dans tout son être, une gemme intacte : seule cette densité de diamant peut contenir la plénitude du silence.

Pleine de grâce elle est conçue. Pleine de grâce elle vit. *Jardin fermé* : rien qui s'échappe ou s'évapore. *Fontaine scellée* : rien qui bruisse ou qui clapote. Silence pur et infrangible de la seule fille d'Adam qui ne se soit jamais évadée dans le multiple et le divers. Toute sa vie n'est qu'attention soutenue à son Créateur, regard dans la nuit et la clarté de la foi, oui parfait et incessant à son Dieu.

Son âme est vierge dans toute sa profondeur, et la virginité d'un esprit est d'abord silence.

Voici votre Mère

Cet abîme de pureté nous intimiderait peut-être, mais elle n'est pas seulement vierge, elle est mère : le Seigneur mourant sur la croix nous l'a donnée lorsqu'il a dit à saint Jean qui nous représentait tous : « Voici ta Mère. »

A elle-même, déjà, il avait dit : « Femme, voici ton Fils. » Cette appellation insolite, « Femme », est une allusion à la Genèse. Jésus proclame ici que sa Mère tient désormais le rôle que la femme, la première « Mère des vivants », tenait au début de la création : la Mère de Dieu est devenue la

Mère des hommes. Elle est la nouvelle Ève de la nouvelle Alliance.

Au moment ultime où son cœur va être ouvert, le Seigneur nous a livré le fond de sa tendresse divine en nous révélant la maternité spirituelle de Marie, mystère qui donne tout son sens au mystère de sa virginité.

Si la Vierge Immaculée seule, dans sa pureté de cristal, connaît la plénitude du silence, seule aussi, dans sa générosité de Mère, elle peut le dispenser.

Et voici que s'ouvre devant nous le secret du silence. Il n'est pas au terme d'une lutte et d'une violence : nous avons assez expérimenté que nos efforts, trop souvent, créaient une tension, elle-même destructrice du silence.

En face du mystère de Marie, nous comprenons que le silence est plutôt le fruit d'un consentement, d'une dépossession, qui établit l'âme dans la paix : un geste d'abandon crée cette détente qui est la condition même du silence que nous mendions.

Nul besoin de phrases, ni de bruit d'aucune sorte : il suffit de se livrer, avec toute la confiance d'un enfant.

Une mère ne laisse pas ses enfants en haillons. Sitôt que nous avons déchiré le silence, revenons à elle avec la simplicité des petits enfants, dix fois par minute, s'il le faut. Et chaque fois, c'est de son silence immaculé que la Vierge nous revêtira.

Et chaque fois, nous découvrirons un peu plus le mystère de l'Immaculée Conception et de la maternité spirituelle.

Et ainsi, tout au long de notre vie où murit la joie éternelle, nous pénétrerons toujours plus dans le silence même de Marie, maîtresse d'oraison et mère de toute grâce.

Table

1. Donne-moi, Seigneur, un cœur qui écoute 9
2. La prière et le temps 27
3. Un lieu pour la prière 39
4. Prier dans le métro 47
5. Apprendre à tout quitter 55
6. Etre avec Dieu 59
7. Une prise de courant 65
8. Sacrifice de louange 71
9. La prière de demande 83
10. Oraison et liturgie 91
11. Si vous ne devenez comme de petits enfants 97
12. Élie et nous 109
13. Marie, mère du silence 123

Achevé d'imprimer le 12 avril 1993
par Normandie Roto Impression s.a. à Lonrai (61250)
N° d'imprimeur : I3-0263. Dépôt légal : avril 1993